知我 有脑 化境
——解密人生完整性

朱跃生 著

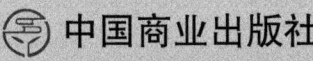
中国商业出版社

图书在版编目（CIP）数据

知我　有脑　化境：解密人生完整性 / 朱跃生著 . -- 北京：中国商业出版社，2022.7
　　ISBN 978-7-5208-2126-1

Ⅰ . ①知… Ⅱ . ①朱… Ⅲ . ①人生哲学—通俗读物 Ⅳ . ① B821-49

中国版本图书馆 CIP 数据核字 (2022) 第 124640 号

责任编辑：管明林

中国商业出版社出版发行
（www.zgsycb.com　100053　北京广安门内报国寺 1 号）
总编室：010-63180647　编辑室：010-83114579
发行部：010-83120835/8286
新华书店经销
北京建宏印刷有限公司印刷
*
710 毫米 ×1000 毫米　16 开　11.25 印张　86 千字
2022 年 7 月第 1 版　2022 年 7 月第 1 次印刷
定价：68.00 元
****
（如有印装质量问题可更换）

前言

完整是一切美好的开端。

不完整是一切问题的始作俑者。

思维不完整,脑子就会想偏。思想不完整,人就会走偏。知行不完整,人生就会缺少很多的精彩。一个人如此,一个组织如此,一个社会如此,一切都是如此。

事物本是完整的,但总被一些人弄得支离破碎。人生本是完整的,但总被自己弄得面目全非。一切不完整都是人为所致,人的完整是一切完整的

人生完整性思想

基础。

纵观古今中外,人们总是习惯于从自身利益、需要或者实用的角度出发,免不了考虑不充分、不周全,免不了凭感觉、凭好恶行事,从而导致纷争、矛盾或者仇恨不断。人的完整是一切完整的前提。

外面世界很复杂,而我们自己有时却很简单。人们总以为自己是正确的,经常用差不多、还可以、基本上之类的言辞来搪塞自己,经常因为偏见狭隘而徒增烦恼,经常在完整性上栽跟头。人不完整先天就不足。

而且,时代在巨变,社会在万变,人也在蜕变。文明发展到今天,传承固然十分重要,而创造却更为迫切。就人生哲学而言,如何在传承的基础上,用现代语言探究现代人生哲学体系,已是十分必要。

本书正是由此出发,以知行为逻辑主线,以事物为逻辑中心,通过对人生完整性的本质规律及其知行过程的探究,构建人生完整性的思想体系和分析系统,以对人们的知行有所帮助和启发。

这个体系以人生钻石模型为基础,包括变化和问题两大人生主线,平衡观、辩证法和完整性三个人生主基调,思维、

前言

角度和沟通三个知行法则，以及对能力、问题、我是谁、人之境的系统化分析之浅见。

在这个体系中，境处于知行的顶端，在我居于知行的中心，完整性是知行的基础面，它们是人生完整性思想的三个支柱，是人生完整性分析的三个主变量，始终贯穿于人生的全过程。

在这个体系中，以思维、学习、角度、沟通和应变能力为纬线，以思悟化、术道境、要素把控、全局统筹和高级感觉能力为经线，织就的人生完整性能力关系网，是一个人知行的力量所在。

天上风云无起点，完整人生有尽头。完整性不是一个筐，什么东西都能往里面装。人生也不是神仙天游，自然会有许多磕磕绊绊。只有从心我出发，不断追求完整，人生才能日臻完善。

地下山川水相连，人生完整境相逢。完整性不是面子工程，而是人生的基础项目，从头到尾都是自己的知行脚步，彻头彻尾都是自己的人生音符。只有完整起来，知我、有脑、化境，人生才能日臻完美。

然而，人生是个大命题，完整性是个大课题，本书所言也只是笔者的一家之言，本书的角度也不过是笔者的一人角度。读者和大自然才是我的老师,以一己之见引得众人高见,才是本书的最大价值。

思想不论男女,完整不分老幼。从完整性的本意上讲,本书的对象是所有人,尤其是那些有思想性的读者。事实上,思想是会潜移默化的,真诚希望广大读者能从读书开始,成为一个完整而有境之人。

云开天舞袖,
雷动地悠悠。
醒时歌阵阵,
梦里不忧愁。

目录

一、完整性学说 / 001
1. 人生钻石模型 / 001
2. 人生两大主线 / 009
3. 人生三个主基调 / 016
4. 知行三大法则 / 022
5. 完整知行模式 / 028

二、知行基础能力 / 035
1. 思维能力 / 035
2. 学习能力 / 042
3. 角度能力 / 049
4. 沟通能力 / 056
5. 应变能力 / 062

三、问题左右人生 / 069
1. 问题从哪里来 / 069
2. 问题到哪里去 / 076

人生完整性思想

    3. 问题基因密码　　／ 082

    4. 站在问题之上　　／ 088

    5. 自己左右问题　　／ 094

四、我是谁　／ 101

    1. 我要什么　／ 101

    2. 我有什么　／ 108

    3. 我会什么　／ 114

    4. 我干什么　／ 120

    5. 我在哪里　／ 126

五、人之境　／ 133

    1. 知行最高形式　　／ 133

    2. 境之品质追求　　／ 140

    3. 境之价值追求　　／ 147

    4. 境之心灵追求　　／ 154

    5. 人生完整修炼　　／ 160

启思录　／ 167

参考文献　／ 170

一、完整性学说

1. 人生钻石模型

人是自己的产物。每个人都是时代的产物、环境的产物、知行的产物……但无论怎么样,最终都是自己的产物。一个人的所有努力和种种问题,构成了自己的专属人生。

人常被自己局限。世界很大,道路很多,而自己的心却有点小。未来的一切都有可能,而人们往往只看到了自己所看到的。一个人的天地其实很大,要用心去度量,用脚去丈量。

人还经常过于物化。没有物质不行,但物质并不能包办一切。人的一半是物质的,另一半是非物质的,有时另一半

人生完整性思想

才是决定自己的东西，两者合一才是完整的人。

为什么有些人能力很强但不被重视？

为什么有些人做得很好但还是不行？

为什么有些人什么都明白但还是会出错？

问题的答案是多解的，每个人的情况也都不一样，但有一点是相同的，那就是**自己一定缺了点什么**。世界上的事情，成功了未必一定完整，但失败了一定有不完整的地方。

不完整就意味着还有未知、漏洞或者变数，就意味着有不确定性和风险性，这是一切问题及其复杂性的起因。知行完整了才清晰，人生完整了才简单。**完整是一切美好的开端。**

世上没有完全一样的人，人之不同，如音之七符，各有所长、所担、所当，它们参差不齐、合而化神，才有了无数的美妙音乐。知行完整了才健全，人生完整了才完善。**完整是一切美好的基础。**

世上并非只有好坏、对错或者敌友两种选择，其实中间地带很宽、选择很多。许多因素彼此相关、都很重要、不可缺少，只是它们的主次程度不同而已。**完整不能只盯着两端。**

1. 人生钻石模型

世界绝不是单一的世界，事情绝不是单一事情，人生也绝不是单一的人生，太左了难免没脑子，太右了容易很纠结。分析时要完整，选择时有主次，一个人的心智才不至于被自己局限。

只有把自己放到更大的环境中，在所有要素和全部现象的基础上进行完整性分析，才是一种**完整的意识状态和思维方式**。这是一个人的知行基础和力量支点。

人生完整性分析包括系统、过程、秩序、预设、区分、思想、行为、目标、思维、角度、沟通、术、道、境和在我15个方面，它们是一个人完整生态的知行要素集合、人生状态总和。

人生钻石模型由上述15个要素构成，它好比钻石的一个面即**人生状态面**。任何要素的变化都将引起人生状态的变化，人生状态面都将从这一面转到另一面。人生由无数个这样的状态面构成。

人生完整性思想

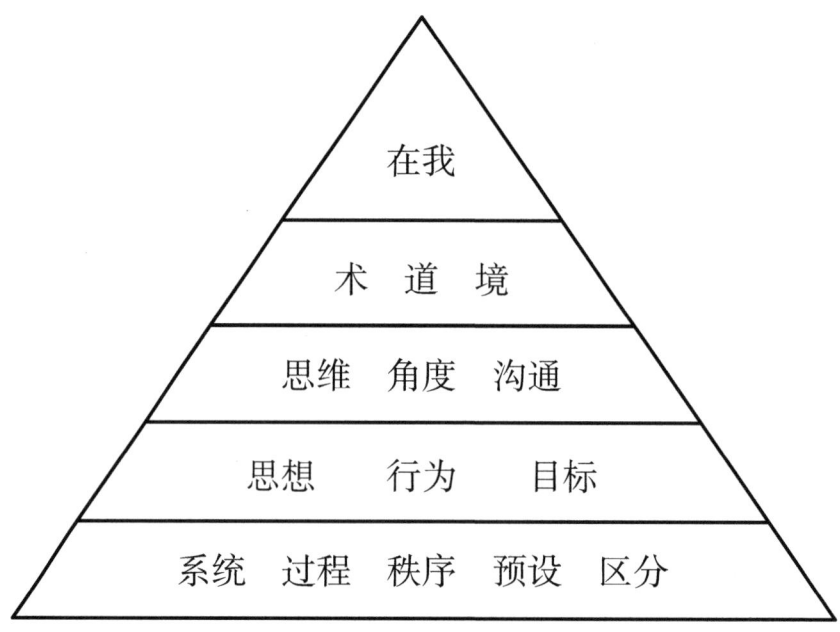

图1-1 人生钻石模型

人生钻石模型包括环境、事件、运筹、能量和在我五个层次。

第一层次是环境，主要包括系统、过程、秩序、预设、区分五个要素。

人和系统伴生共存。每个人都会同时处在若干个系统之中，人自身也有许多系统。脱离系统，人就不可能存在。无视系统，必将被系统抛弃。系统是人的栖息地。

1. 人生钻石模型

人寄生于过程之中。人生没有哪一件事情不是在过程中完成的，人的一生就是一个一个过程走过来的，过程的好坏决定了人生的好坏。过程是人的生命。

生命建立在秩序之上。无论何时何地何事，一个人都离不开秩序的约束。建立、遵守和维护秩序一样重要，但更重要的是如何骨化秩序意识，而又不为秩序的教条所束缚。

没有预设难以知行。正因为有了事先所预设的目标、方向、路线、方法、过程、条件……这些框框，事情才会变得简单清晰，问题也才不至于无助无解。有了预设，知行才有头绪。

没有区分就没有区别。区分是人生的一种常态，人因为区分而被定义，知行也因此有了立场。没有区分一切都会混乱，而正确的区分和正确地利用区分，往往可以达到事半功倍的效果。

第二层次是事件，主要包括思想、行为和目标三个要素。

知行总是和事件联结在一起的。事情做得怎么样，是自己的思想、行为和目标的复杂函数。而思想、行为和目标都是自己选择的结果，是自己不断积累的产物，是一个动态的演变过程。

人生完整性思想

事实表明，在一定思想、行为和目标范围内，方向仍然是多选的，道路也会很多，结果也未必就一定沿着事先预设的方向发展。思想、行为和目标的实现过程依然需要考虑更多的其他因素。

第三层次是运筹，主要包括思维、角度和沟通三个要素。

任何事情都与运筹的质量正相关。运筹的核心在于思维的运动、角度的选择和沟通的效果。知行由思维统领全部过程，通过恰当的角度推进，在沟通中实现最佳效果。

思维、角度和沟通是知行的三个立足点，贯穿于知行的全过程，联结着与事件相关的各种要素，编织起一张人生状态的生态网络，时刻发挥着实现自我价值的关键作用。

第四层次是能量，主要包括术、道、境三个要素。

能量决定人生质量。人生的所有线索都会聚焦到自己的术、道、境上，所有成败都取决于术、道、境的综合运用水平，它们是一个人知行力量的核心内容。

术、道、境是人生状态由低到高的三个能级，在经年累月中积累修成，在知行过程中转化为力量。它们在过去蓄势、现在迸发、未来潜行，三足鼎立，共同支撑着一个人由知到行的各种转变。

1. 人生钻石模型

第五层次是在我，这是人生钻石模型的最高层次。

人是最具有能动性的，对于外界或者自身的任何变化，人们总能按照自己的判断或者意愿做出恰当的反应。无论这种反应是否真的恰当，人们总以为自己是正确的。

事实上，任何事情关联的因素很多，可选择的角度也很多，关键在于自己对外界或者自身变化的态度、立场或者倾向，在于自己想要什么、想怎么样。这是自己对人生状态的完整综合和意志响应。

这五个层次的各要素之间，既相互独立又相互联系，既相互合作又相互竞争，既相互需要又相互影响，在知行过程中扮演着不同的角色，构成了人生状态演变的动态过程，即**人生完整价值链**。

这些知行要素都很重要，缺了任何一个有时都会产生颠覆性后果。但它们有主有次、有重有轻，在不同的场合发挥着不同的作用。**尊重每一个要素**，知行的过程才不至于残缺断裂。

人生的每个状态面、每个要素都是知行的角度，它们的任何变化都将引起角度的变化。而角度不同，也许完全就是另一番景象了。角度是无限的，人们总可以找到**自己想要的**

人生完整性思想

角度。

然而,人们总是摆脱不了狭隘或偏激,但完整性分析可以让人们有了更多的选项和余地。只有在完整性分析的基础上,做出基于重要性的明智选择,事态的发展才有可能是开创性的。

完整是一件极端重要的事情,几乎所有的失败都是不完整所致。必须树立完整意识,运用完整思维,完整地去知行,人生才能更加完整起来。

美好人生从完整开始。

2. 人生两大主线

人生是变化的人生，也是问题的人生。

人的一生都处于变化之中，都会被问题包围。

如果看不见变化和问题，知行就会变得越来越混沌。

如果找不到变化和问题，知行就会变得越来越迷茫。

如果处理不好变化和问题，知行就会变得越来越糟糕。

人生由变化和问题所承载。没有变化和问题，一个人的知行就会失去目标，发展就会失去动力，前进就会失去方向，人生也就失去了存在的价值基础。

变化和问题是人生的重要推手。人活着就是在变化中迈步、在问题上行走。它们和我们如影随形，不断推动着人们去战胜挑战，不断激励着人们去寻求突破。

变化和问题是完整人生的两条主线。人生既和成功相连，也和失败接壤。一个人的结局往往取决于自己对变化和问题的态度以及能力。事实上，很多事情成在它们、败也在它们。

人生完整性思想

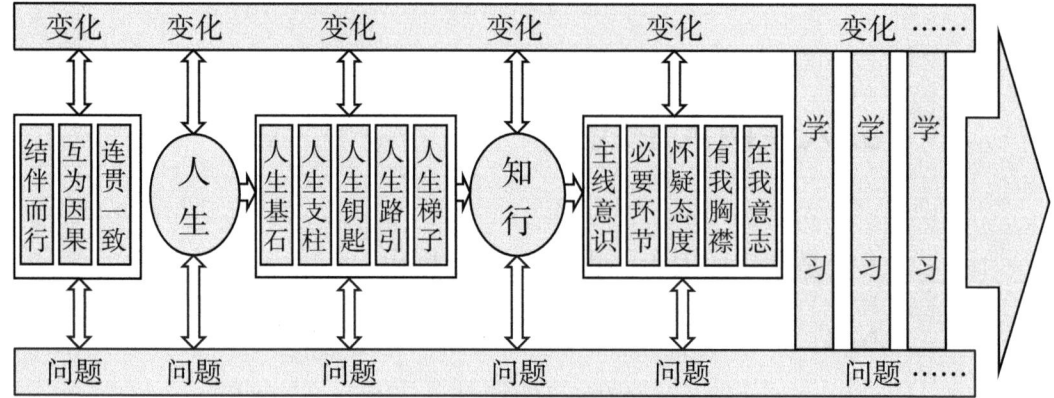

图1-2 人生两条主线

变化和问题既有区别,又有联系,有着非常特殊的逻辑关系。

变化和问题常常结伴而行。 变化是问题的变化,问题是变化的问题,它们紧密相连,是一对孪生的生命范畴。用问题的眼光看变化,用变化的眼光看问题,知行才有清晰的逻辑思路。

变化和问题常常互为因果。 变化产生问题,问题引起变化,它们在一定的条件下彼此孕育、相互转化。在变化中找问题,从问题中看变化,知行才有清晰的逻辑线索。

变化和问题常常连贯一致。 一切问题都来自问题,一切

2. 人生两大主线

变化都来自变化，有时变化就是问题、问题就是变化。沿着变化去解决问题，沿着问题去应对变化，知行才有清晰的逻辑方向。

变化是人生的基本过程，问题是人生的基本单位，它们对人生具有全面的主导作用。

变化和问题是人生的基石。变化催人成长，问题助人成熟。一个人经历的变化越多就越老练，解决的问题越多就越老到，人生的基础也就越牢靠。问题和变化奠定了人生的基础。

变化和问题是人生的支柱。人生是变化的总和，也是问题的总和。有变化很正常，有问题是好事，关键是自己不能在变化面前止步，不能在问题面前倒下，人非如此而不立。

变化和问题是人生的钥匙。知行因变化而灿烂，人生因问题而精彩。只有真正把握变化、解决问题，才能成功开启人生殿堂这扇大门，实现自己的人生价值。

变化和问题是人生的路引。人生由变化书写，知行由问题注解。人生之路是由变化和问题连接起来的，沿着变化和问题知行，自然就会"车到山前必有路、船到桥头自然直"了。

人生完整性思想

变化和问题是人生的梯子。它们常常如约而来，也往往不期而至。人生只有不断克服变化和问题所带来的障碍，战胜变化和问题所带来的挑战，才能不断地登高望远。

然而，世界不会在原地等着你，变化和问题推动着人们前进的脚步也永远不会停歇。不放过变化和问题，跟上它们的节奏，保持与时代同步，才能让自己的人生之路走得更加完整坚实。

必须常有主线意识。人生不是浮云，除非你的眼里只有浮云。变化和问题也不是囊中之物，任由自己率性而为。你不理它，它也理你。往往在你不经意的时候，在你不如意的时候，它们偏偏就来了。

要把它们置于顶层，成为自己骨子里的东西。要把它们作为前置条件，用变化和问题的眼光看待一切。要把它们根植于过程，以变化和问题为准则审视自己、认识世界。

必须常设必要环节。变化和问题总是一个接着一个，永远不可能清零。没有它们就没有希望，有了它们才叫人生。它们是人生道路上的沟坎关隘，只有过去了才能顺利地往前走下去。

要把它们作为自己的毕生功课，经常自我反问，自己有

2. 人生两大主线

什么变化和问题？经常自我反驳，自己难道没有变化和问题吗？经常自我反思，自己的变化和问题在哪里？让自己时刻保持清醒警觉的头脑。

必须常持怀疑态度。世上最大的变化莫过于人的变化，人生最大的问题莫过于自己的问题。人生路上最难的不是变化和问题的沟坎，而是自己这道沟坎。解决好了自己，理想才能成为现实。

要善于怀疑，自己所听到的、看到的未必都是真的，凡事要多过脑子。要敢于怀疑，多当筛子、少做漏斗，对自己的怀疑才是最好的良药。要学会怀疑，任何事情都是多面的，从自己没有想到的那里开始。

必须常怀有我胸襟。变化和问题往往都是"忠言逆耳"，大多是"梅花带刺"。它们是人生路上的明灯、镜子和贵人，容得下它们天地自然就更宽，否则，它们就是知行路上的陷阱或者死胡同。

要走进变化和问题，让自己当成它们的收纳箱，把它们当成自己的财富。要做变化和问题的第一责任人，它们在故我在。要在变化中求变化、在问题中找问题，做一个变化和问题的亲密接触者。

人生完整性思想

必须常修在我意志。变化和问题往往具有穿透性，常常会戳到自己的深处痛处，犹如逆水行舟，难免壮士断腕。这恰恰是对自己意志水平和知行能力的考验，完全在我、舍我其谁。

要走出变化和问题，磨炼"金刚钻"，锤炼"金刚眼"，修炼"金刚身"，在物化上取得超越，在文化上追求卓越，在境化上实现跨越，让变化和问题成为上天赐给自己的最好礼物。

练就这种修为功底，关键在于学习。人生好比铁路的轨道，如果变化和问题是两条铁轨的话，学习就是一条一条的枕木。变化和问题不断，学习也不能断。只有学习、学习、再学习，路才能走得更好更远。

人之伟大在于思考，学习也一样。必须学而思、思而悟、悟而化。既要学好书本里的书，也要学好书本外的书，更要学好自己这本最重要的书，把"书"真正学成自己的。

人之可敬在于谦虚，学习也一样。求学何必非要三人行，哪里都是好老师。要虚心向他人求教，诚心向社会学习，真心拜大自然为师，永远做一个求知若渴的小学生。

人之可贵在于坚持，学习也一样。学一时易，学一辈子

2. 人生两大主线

难。要树立正确的学习理念，追求高尚的学习境界，人生一世、学习一生，要活到老、学到老。

正所谓，变化问题伴左右，学习思考在上头，双脚自然一步步，阳光总在风雨后。

其实，这就是人生。

3. 人生三个主基调

人生常常由状态所左右。

一个人在不在状态，有时会判若两人，和平时也大不一样，甚至还有天壤之别。状态是知行的最大变量。

为什么有的人在赛场上会大失水准？

为什么有的人在工作中会频频失误？

为什么有的人在生活里会莫名怨愤？

这在很大程度上是由一个人的状态所致。状态既可以让人失常，也可以让人超常。但是无论怎么样，人都是要靠实力作支撑，由状态定胜负的。

然而，世界绝非你所看到想到的那么直观，状态也不仅仅是一个人的心理生理那么浅显。状态是所有知行要素在某种场合的即时反映，是人的心理状态和环境状态在自己身上的叠加。

状态是最不稳定的因素，众多知行要素夹杂在一个人

3. 人生三个主基调

身上，状态自然就会有很多的变化走向，也会有很大的随机性，有时连自己都掌控不了。**管理好自己的状态**，知行才能变得更好。

状态也是角度，而角度是无限的。一个人再怎么寻找，所能找到的角度总是有限的，有时还依然无助于问题的解决。用什么角度去知行才最好，这才是问题的根之所在。

这个根就是知行的总要求，是自己把握全局、抓住关键、统筹推进的能力，是对事物的系统策略、过程拿捏和知行准则，集中体现在一个人的平衡观、辩证法和完整性三个方面。

它们是明方向、定大局、稳大盘的。只有把三者有机结合起来，努力讲究平衡、把握辩证、追求完整，知行才能达到最佳的状态。平衡观、辩证法和完整性是**人生不可或缺的三个主基调**。

人生完整性思想

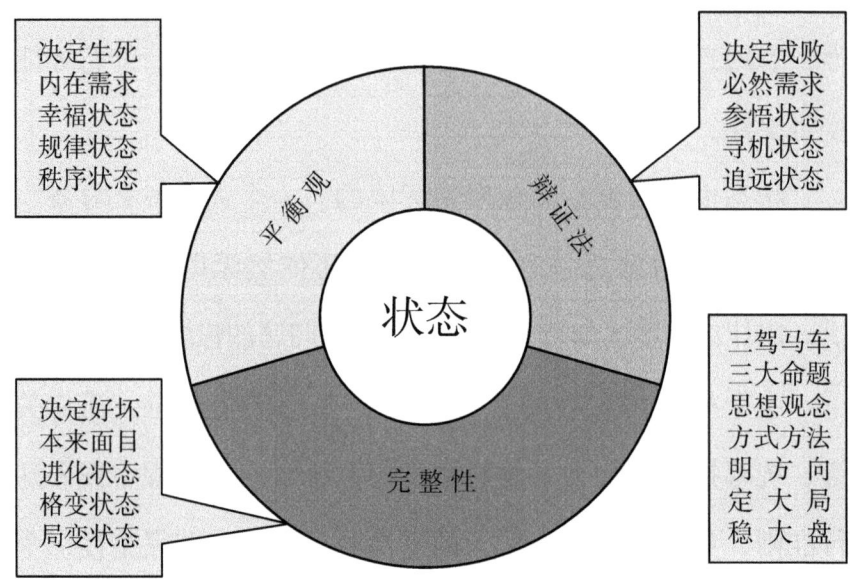

图1-3 人生三个主基调

平衡决定生死。世界是平衡的产物，平衡是世界的目标，平衡的世界才是稳定的。哪里不平衡，哪里就有斗争。事物往往在不平衡中消亡，平衡是人类重要的生存法则。

平衡是人的**内在需求**。人生总在追求平衡的过程中，总需要不断地平衡自己和环境的关系以及知行要素之间的关系，以求得最大的生存空间，否则，有时会寸步难行。

平衡是一种**幸福状态**。身体不平衡能让人致病致死，社

3. 人生三个主基调

会不平衡能让国家致乱致亡。有些人身在平衡不知福，经常不把平衡当回事，置自己的生死于不顾。平衡是衡量幸福的重要指数。

平衡是一种**规律状态**。大自然有大自然的规律，知行有知行的规律，万物都存在于规律之中。不遵从规律是不平衡的重要原因，是一切问题的根源。不遵从规律就是背叛自己。

平衡是一种**秩序状态**。平衡是相对的，它建立在有效的秩序之上。没有秩序就没有约束，没有约束的平衡不过是暂时的假象而已。秩序若在，平衡就有希望。保持秩序其实就是保全自己。

辩证决定成败。世界充满着辩证，人生也不例外。九十九步未必就能成功，有时最后一步才能决出胜负。而成功的砝码往往就藏在自己的身后，转过身去才能看得见、抓得住。

辩证是人生的**必然需求**。人生充满着许多不确定性，什么事都有可能发生。要让自己辩证起来、辩证下去，心才能强大起来，路才能宽阔起来，否则谁也帮不了你。

辩证是一种**参悟状态**。辩证不是撒网捕鱼，而是洗沙淘金。要透过现象看本质，剥开外面看里面，在对立面中找灵感，才能使知行更加清晰起来，自己也能敞亮起来。

人生完整性思想

辩证是一种**寻机状态**。辩证既扫自己门前雪，也管他人瓦上霜。要把所有的可能和现实联系起来，在偶然中找必然，在普遍中找特殊，才能斩断乱麻，理出重要性，找到突破口。

辩证是一种**追远状态**。辩证犹如下棋对弈，讲究的是走一步看三步。要沿着原因想结果，站在这里看那里，活在今天为明天，才能有远见卓识，转不利为有利，化优势为胜势。

完整决定好坏。知行不完整就有漏洞，人生不完整就有遗憾。在平衡与辩证的基础上，再系统地考虑、全面地检查，一定还有更好的。否则，之前所有的努力都会减分失色，甚至付诸东流。

完整是人生的**本来面目**。人的每一次知行都是自己人生的一部分，都不可或缺，都要完整。以完整的态度去追求完整，人生才真切真实。否则，何来笑对人生，唯有几多遗憾。

完整是一种**进化状态**。没有完整的思维，就没有完整的行动。完整之下，人们对世界的了解会越来越多，自满的天性也能得到遏制，平衡与辩证才能在完整中实现进化。

完整是一种**格变状态**。世界是立体的，人生是多面的。任何事情绝非只有360°，一旦知行的经线或者纬线变了，情况跟着也就变了。经常变换角度，自己的眼里才有完整的世界。

3. 人生三个主基调

完整是一种**局变状态**。环境是变焦的，关键在于自己怎么调整。拿着北京地图、中国地图和世界地图看北京，感觉是完全不一样的，但它们可以相互佐证。经常变换环境，你才能看得清完整的世界。

平衡观、辩证法、完整性是驱动人生前行的**三驾马车**。它们互联互动、互为条件，相互支撑、相互依赖，是一个有机的统一体，共同护佑着一个人的生命之旅。

平衡观、辩证法、完整性是现实给自己提出的**三大命题**。它们不仅是思想观念的，也是方式方法的，彼此协调协同、共进共退，共同描绘着一个人的人生之路。

平衡观、辩证法、完整性是知行的一种**理性行为**。它们面对变化和问题，强调系统分析、统筹考虑、重点突破、整体推进，共同推动着一个人的人生过程。

然而，平衡不是常态，辩证没有唯一，完整并非完美，只有不断追求、不断改进，才能不断完善、不断提高，知行才会越来越完整，人生才会越来越美好。

平衡观大势、辩证定大局、完整稳大面，三者缺一不可。

浪花和暗礁共舞，美好与问题并存。

其实，这就是平衡、辩证和完整。

4. 知行三大法则

人生每天都在选择。

人生是选择的结果，选择是人生的常事。

为什么有些人会迷茫失落？

为什么有些人会哀叹后悔？

为什么有些人会气短紧张？

这些现象表面上看是一个人的心理状态出了问题，实际上是选择出了问题，本质上是做人做事出了问题，是自己的思维、角度或者沟通出了问题。

知行是一个由思维统领、从角度切入、在沟通中推进的选择过程。知行的所有要素都需要选择，人生的所有状态都是选择的结果。选择是思维、角度和沟通三者的共同特征。

俗话说，万事开头难。任何事都有一个开头，知行也经常在开头。事实上，知行的每一步都是开头，每一步都不能大意。头开得怎么样，完全在于一个人的思维、角度和沟通。

4. 知行三大法则

没有思维就没有脑子，没有角度就无从下手，没有沟通就无法落地。思维、角度和沟通在人生的知行体系中，担负着知行过程的组织推进任务，三者并驾齐驱、环环相扣、缺一不可。

为人不能无靠，做事不能没谱。知行是一个人沿着变化和问题的主线，在思维、角度和沟通的共同作用下，以谋求平衡、讲求辩证、力求完整的动态过程，有其固有的行为法则，必须遵而从之。

知行第一法则：知行的所有要素都由思维集结、由思维处理，思维是知行过程的中枢。

知行的所有要素都由思维集结。所有要素都必须首先进入思维，这是思维活动的前提。这些要素只有进入思维，才能被比较、判断、选择和利用，进而参与思想行为化的过程。**没有思维就没有开始**。

知行的所有要素都由思维处理。所有要素都必须经过思维的加工，才能转化为有行为的思想和有思想的行为，并由思维发出指令付诸实施，这是思维的核心所在。**没有思维就没有过程**。

思维是知行过程的中枢。思想行为是思维运动的结果，依

人生完整性思想

赖于思维对所有要素的综合分析,遵从于思维对思想行为的判断,取决于思维对思想行为的选择。**没有思维就没有知行。**

路有千万条,思维就有千万种。思维没有定式,任何思维方式都不是万能的,也没有什么独门绝技。千万不要在一棵树上吊死,而是要多打组合拳,以更加完整的思维方式去思维。

思维必须开放。思维开放了,一个人的思考力就更强,所看到的、想到的就更多,选择空间和回旋余地就更大,考虑的问题才更全面,知行的过程才更完整。

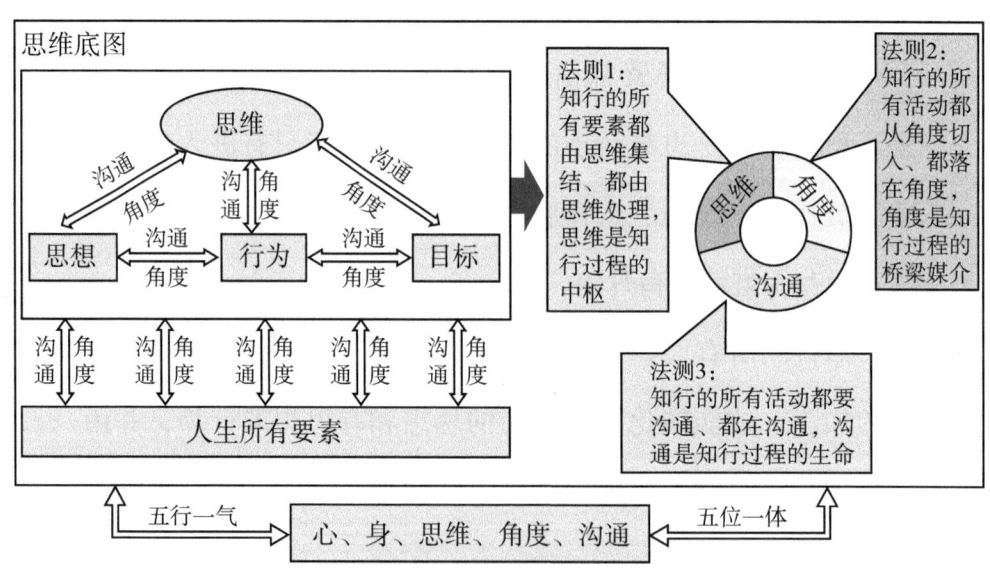

图1-4 知行三大法则

4. 知行三大法则

知行第二法则：知行的所有活动都要从角度切入、都要落在角度，角度是知行过程的桥梁媒介。

知行的所有活动都要从角度切入。角度不对、事与愿违，角度不好、吃力不讨好。知行的每一步都需要**选择一个恰当的角度开始**，才能开好头、起好步。正确的角度往往能事半功倍。

知行的所有活动都要落在角度：角度不对，知行就会走错踏空。角度不好，知行就会硬着陆。知行的每一步都需要**选择一个恰当的角度落脚**，才能软着陆、收好尾。正确的角度往往能善始善终。

角度是知行过程的桥梁媒介。角度在思维与思想、行为、目标之间建起了通道，在思想、行为、目标三者之间架起了桥梁，使知行所有要素和所有活动能够完整有效地联结起来。角度是知行的关口要道。

角度就是站位，站位决定着知行的走向。选择角度既不能自我，也不能唯我，更不要无我，而是要站在系统的、过程的和要素的角度，平衡、辩证、完整地去选角度。

人是活的，角度也是活的，不能拘泥死守。知行不会事事都顺心如意，而人也难免会有狭隘、短视或者肤浅的时

人生完整性思想

候，有时换个角度也许会更好。事实上，一定还有更好的角度，一定能找到更好的角度。

知行第三法则：知行的所有活动都要沟通、都在沟通，沟通是知行过程的生命。

知行的所有活动都要沟通。没有沟通，思维就会断线，思想就会断路，角度就会失去支撑，行为就会失去依靠，思想决定行为的过程就会偏离目标。**沟通是知行过程的"血液"。**

知行的所有活动都在沟通。沟通是知行的家常便饭，是一个人的必备品格。知行的每一步都要在沟通中起步、在沟通中推进、在沟通中落地，并不断为知行注入新活力。**沟通是知行过程的"食粮"。**

沟通是知行过程的生命。沟通贯穿于知行的全过程，撒落在知行的每一个角落。只有通过沟通，才能把握变化、解决问题、实现目标，知行的效能才能极大地发挥出来。**沟通是知行过程的"细胞"。**

沟通力求"三共"。沟通是各利益相关方通过一定的方式，谋求在思想、情感、力量或者价值等方面的相互理解、彼此认同，从而实现共识、共处和共赢的平衡过程。

沟通力戒无心。沟通对每一个人都极为重要，它不是

4. 知行三大法则

可有可无，而是非有不可。沟通最重要的是心，有心才有沟通，用心才能沟通。要将心比心、以心换心，用真心去打动对方的心。

知行是心知和身行的结合体，思维、角度和沟通是它们的经脉血液，只有**心**、**身**、**思维**、**角度**、**沟通**五行一气，彼此相生相济、相长相促，知行过程的价值链才能完整有加而不受到挫伤。

人生是心路和身路的命运共同体，思维、角度和沟通是它们的骨骼筋肌，只有**心**、**身**、**思维**、**角度**、**沟通**五位一体，彼此相互支援、相互依靠，人生的航程才能行稳致远而不会浪翻礁沉。

人生不会重复，未来还没定格。知行总是花样百出，事情也不会策无遗算，人生路上还是小心为妙。完整性思想告诉我们，一个人既要有长远眼光，又要有行动嗅觉，凡事都要多考虑考虑。

请牢记，考虑好了再选择，选择好了再出发。

5. 完整知行模式

人活在世上，其实是活在事上。

事情总是一件接着一件，人生也就一步接着一步。

人生究竟走得怎么样，都要体现在事上、反映在心里。

为什么有些事无论怎么做还是会有差距？

为什么有些事虽然考虑得很周全了但还是不满意？

为什么有些事做得很卖力了但还是差那么一点？

这些现象固然有要素方面的原因，但一定还有**系统性问题**，这是所有要素在知行过程中派生出来的**结构性矛盾**。

事实上，知行过程绝不是把所有要素简单地连起来、堆起来就能完满的。有时，即使所有要素都很完满，整体上也未必就没有缺陷，它们依然难以形成理想的合力。

在知行过程中，各要素之间在取向走向、立场倾向、机会时机等方面都难免发生分歧或者对立，往往会激化知行的矛盾，打扰知行的进程。过程内耗必然导致知行的衰减。

5. 完整知行模式

在知行过程中，各要素在性能质量、数量分量、规模水平等方面也不会都符合知行的需要，往往会引起系统的失衡，打破系统的稳定。**比例失调必将损害知行的整体功能。**

在知行过程中，各要素在活跃程度、能动水平、反应速度等方面也会存在一定的差异，往往会引起知行的混乱，打乱知行的节奏。**行动不一必将降低知行的效率。**

要解决知行系统性问题，必须把完整性和系统论结合起来，以思维为统领、事情为中心，沿着两大主线，遵循三个主基调，按照三大法则，一步一步地推动从思想、行为到目标的在我转化。

这一知行模式的基础是完整性分析。其本质在思想，核心在思维，纲为变化和问题，领在平衡、辩证和完整，是一个人知行的主心骨，必须做到知不懈、行不怠。

这一知行模式的指向是事情。道理纵然千万条，须看事情好不好。无论怎么应对变化、看待问题，无论怎么平衡、辩证或者完整，无论哪个要素、哪一步，最终都要看是否有利于所要做的事情。

这一知行模式强调的是一步一步。世界很大，如果能装进你的心里，就没有必要那么纠结了。知行的过程环节很多，

人生完整性思想

如果一步一步地去走，再复杂也会简单起来。

在这一知行模式下，任何事情都要根据实际情况，运用思维、角度和沟通三大法则，努力防范、控制和消减要素性问题和系统性问题，以达到最佳的知行效果。

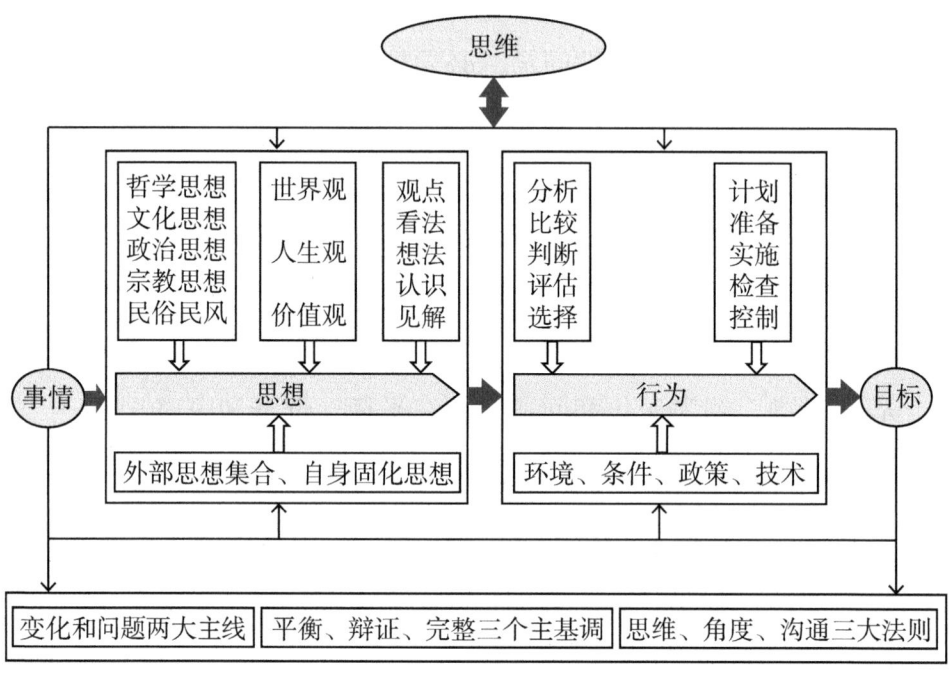

图 1-5　完整知行模式

5. 完整知行模式

在知行过程中,有三个知行理念极为重要,不可不察、不能不觉。

一是知行一致。知行胜就胜在一致,谁都不例外。知行如果两张皮、两种调,必然分化知行的要素,认识就不统一,步调就不一致,力量就会分散,效能就会大打折扣。知行必须一致,一致才有力量。

知行一致的基础在于对变化和问题的态度,在于讲究平衡、把握辩证、追求完整过程中的立场,反映着思维和角度的选择,体现着思想和价值的取向,必须做到心身一致、内外一致。

知行一致的核心在于归一,而不是守一。实际上,知与行谁先谁后、谁难谁易、谁轻谁重并不是绝对的,但一定是亦知亦行、边知边行、知行相促、知行互进,共同一致为了目标而努力。

知行一致才可合一、才能如一。沙子与钢筋水泥合一才够强硬,知行和境界如一才能脱俗。知行有了境就好比长了一双翅膀,世界就会无限辽阔。致知以行、致行以知,知行自然就一致了。

二是知行相配。鞋不配脚路难行,知行也一样。知行所

人生完整性思想

有要素都要统一在知行的目标之下，与知行的模式相对应，与知行的过程相适应，和而不同、和谐共处，使知行达到最佳的状态。

知行相配在相融。有融乃大，不融全无。知行好比一个团队，要素就是团队的成员。要素在价值上要相合、品质上要相融，知行中要相互理解、相互认同，从而达到最佳的氛围。

知行相配在相济。相济才能相生，相生自然相长。知行要素之间不相互指责、不相互掣肘，要顺时相安、败时相持，相互支持、相互帮衬、协同增效，从而达到最大的气场。

知行相配在完整。配了才能合，合了才完整。知行要素不能我行我素，而是要高度配合、形成一个整体，在知行过程中努力保持平衡完整的状态，从而实现最大的效能。

三是知行节度。事无节度必生非，知行也一样。知行没有节度就没有约束，也没有尺度，做人就没有原则，做事就没有规矩，知行就会任性，人生就会没有了分寸。

知行节度在于明规矩。知行不能出格，出格必出局。要知道自己头上悬着什么样的剑，要知道自己前面有什么样的雷，为人不能恣意妄为，做事不能不计后果，千万不要坏了规矩、毁了人生。

5. 完整知行模式

知行节度在于知方圆。知行不能出界，出界必出乱。任何事情都有自己的边界，任何知行都有一定的界限，做事不能突破边界，为人不能超出界限，在自己的领地里，你才是世界的主宰。

知行节度在于行中道。为人公平执中，知行方有始终。为人做事不要走极端，在顺逆、成败、得失面前不要过于算计，站得高点再高点，看得远点再远点，以免打错了算盘、留下了遗憾。

事实上，人生千变万化，人的一生总要学习很多、总会经历很多、总能收获很多，绝没有不知而获、不行而得，但一定能在一步一步的知行中积累、丰富并完整起来。**完整从每一步开始。**

人生千姿百态，人的一生总有很多理想、梦想和追求，绝不会不知而来、不行而有，但一定能在一步一步的努力中一个一个地实现。**完整从每一步做起。**

人生没有成品，知行没有句号。只有改进、改进、再改进，人生才能不断前进、前进、再前进。这种不断追求完整的精神，是一个人最崇高的品格。

知行总在过程中，人生总在完整中。

把人做好，其实就是把事做好。

二、知行基础能力

1. 思维能力

思维是一个人最核心的东西。

思维是思想、行为、目标的集结中心和中枢调度,贯穿于知行的全过程。没有思维,思想就会束之高阁,行为就会放任自流,目标就会四处飘荡。**思想决定行为却在思维方式。**

知行过程的每一步都由思维决策,并在思维的组织、监督和平衡下推进。思维水平决定知行水平,思维质量决定知行质量。思维能力是知行的**第一个基础能力**。

任何问题都可以从思维上去溯源。在知行过程中,无论是要素性问题还是系统性问题,都是自己的思想在行为中的反应,都是思维的分析、判断和选择的结果。**问题的根在思**

人生完整性思想

想、源在思维。

思维能力是脑能力的本质内容，是一个人所有能力在脑子里的翻版。从系统论和完整性角度出发，一个人的思维能力取决于三个方面。

一是思维集结能力。思维做不了无米之炊，思维所需要的材料信息必须首先进入脑子，这是思维运动的前提和思维能力的基础。脑子里的材料信息越丰富、质量越高，思维水平也会越高，它主要在于以下方面。

思维方式集结。思维没有定式，方式也没限制。人们以什么样的方式去思考，就是什么样的思维方式。人和人不同，思维方式也各异。但无论怎么样，思维方式都要进入脑子，都要在脑子里集结待命。

思想方法集结。思想刻着一个人的立场和水平。思想水平不高，思维就先天不足，知行的起跑线就落后。但无论怎么样，思想都应该先进入脑子，由思维统筹知行的立场和方向，并转化为知行的语言。

过程信息集结。过程是知行的生命，也是思维的生命。任何思维都是过程思维，过程到了哪一步，思维就要跟到哪一步，过程信息也必须同时集结到脑子里，进入思维的范

1. 思维能力

围,思维才能有的放矢。

二是思维处理能力。脑子不思考,思维等于零。思维必须进入思考状态,对集结的材料信息进行加工处理,这是思维运动和思维能力的核心。思维处理能力的强弱决定思维水平的高低,它主要在于以下方面。

思维综合分析。分析是思维的基础,是思维能力的初级形态。由思维对集结的信息进行梳理分析,找出它们的本质联系,揭示事物的内在规律,归纳出知行的基本内容或可能方案。

思维逻辑判断。判断是思维的核心,是思维能力的高级形态。由思维对综合分析的结果进行比较判断,从可能方案中圈定最佳的知行方案,使之与知行的过程相匹配,与知行的规律要求相符合。

思维主意选择。选择是思维的关键,是思维能力的集中表现。由思维在分析判断的基础上,对知行的思想、行为和目标进行综合决策,裁定知行的选择,拿定知行的主意,形成统一的思维决策指令。

三是思维管理能力。思维不管理,知行必混乱。思维必须在自己的有效管理之下,处于受控可控的状态,这是思维

人生完整性思想

运动和思维能力的保障。思维管理能力的高低决定思维运动的成效,它主要在于以下方面。

思维自我监督。思维是一项在我的脑力活动,必须强化思维的自我监督。要经常监控自己的思维过程,经常监督自己的思维状态,经常检查自己的思维效果,确保思维不偏离正常的运行轨道。

思维自我修正。思维往往此一时彼一时,必须随时自我修正。要随时调整思维的方式,随时校正思维的偏差,随时解决思维的问题,把问题消灭在萌芽状态,全面提升思维把控全局的实际能力。

思维自我评估。思维往往具有阶段性,必须开展自我评估。要通过对知行过程的全面评估,找出知行过程的差距,分析知行过程的问题,反思知行问题的原因,为进一步改进思维方式提供依据。

1. 思维能力

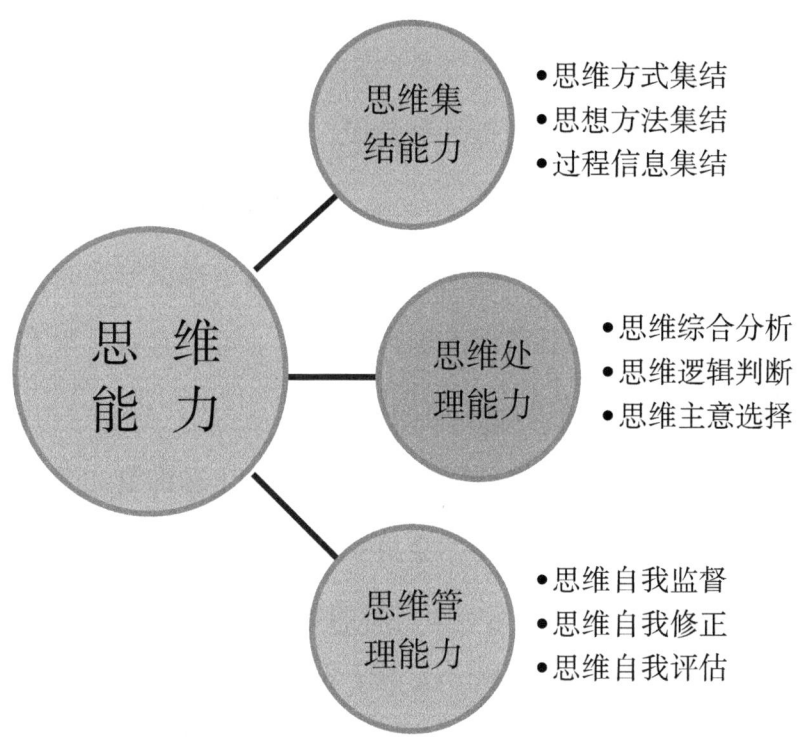

图2-1 思维能力

思维集结能力、处理能力和管理能力是一个人思维能力的综合体现，是一个人最重要的能力之一。

思想、行为和目标是思维选择的结果，它们既相互独立又相互作用，形成了从实践到认识、认识到实践的循环递进的动态过程，思维是这个知行链条上的核心环节。

人生完整性思想

然而,一个人的思维能力总是有限的,还会受到国际、国家、社会、企业等环境因素的影响,还习惯于给自己的思想行为前置条件、范围等种种预设,还很看重经验、兴趣、爱好,有时还有偏见情绪。

毫无疑问,谁也不能保证自己的思维选择就一定是最好的。事实上,在人们的思维选择之外,一定还有自己没有想到的,一定还有其他的未知选项。

只有把更多的思维要素集结在一起,让思维更加开阔起来,眼界才会更宽、境界才会更高、格局才会更大。思维一定不能教条僵化,要努力克服三种思维障碍。

一是要克服思维缺陷。有些人很主观武断,听不进不同意见,容不得不同主张,自己想的、说的、做的都是对的,反正自己没有错……这种人很容易成为孤家寡人,甚至还会落得众叛亲离。

二是要克服思维局限。有些人往往专注于管理、技术,而忽略了管理、技术之外某些更为重要的东西,如为人之道、为官之道……其实这些才是最重要的,才是决胜的关键。

三是要克服思维离线。人们有时会觉得无聊乏味、不在状态,好像对什么都不感兴趣、干什么都没意思,时不时地

1. 思维能力

还会走神、跑偏……人在这时候很脆弱也很容易失态，问题往往还会聚集多发。

思维的核心在于思考，思维能力的本质在于思考力。思考力强了，一个人就更有活力、能力和魅力。要自觉坚持思维训练，努力追求思维境界，不断提升思维能力。

在你行动之前，先停下看看，一定还有。要把一定还有固化为一种思维方式，不纠结浮躁、轻言肆口，换个角度看问题，让自己在日积月累中拥有一种新状态。

在你行动之前，先放下想想，一定还有。要把一定还有固化为一种思维方法，不人云亦云、随波逐流，换个角度看人生，让自己在潜移默化中获得一种新感觉。

在你行动之前，先扪心问问，一定还有。要把一定还有固化为一种思维习惯，不偏听偏信、固执己见，换个角度看世界，让自己在点点滴滴中达到一种新境界。

人活着，思维太重要了。

你会思维吗？

2.学习能力

学习是一个人的毕生之功。

读书是学习,工作是学习,生活也是学习,干什么都是学习。任何人都在学习中成长,在学习中转变,在学习中实现自己的人生理想。人只要活着,就需要不断地学习。

学习是人生最基本的活动。它让人们获得新知识、吸收新思想,不断增强分析问题、解决问题和明辨是非的能力,从而奠定自己一切能力的基础。学习能力是知行的**第二个基础能力**。

人之分化在于学习。学习能力的差别,往往决定了其他能力的差别。而且,这种能力还体现在一个人的潜力、耐力和后劲上。很多人并没有输在起跑线上,**而是输在了不会学习上。**

学习能让一个人看清自己。爱学习的人必定不耻下问、谦卑慎行,知道自己在哪里、到哪里,知道自己有什么、会什么,知道自己缺什么、要什么。**越学习就越知道自己的不足。**

2. 学习能力

不学习就会落伍。尤其在这个高度变化的时代，发展的节奏比任何时候都要快，知识更新的周期比任何时候都要短，常常让人们有一种强烈的"知识荒"和"本领荒"。**不学习是一个人最大的危机。**

学习绝非一日之功。它是一个不断积累的过程，是一个不断把学来的东西转化为自我能力的过程。从系统论和完整性角度出发，一个人的学习能力主要取决于四个方面。

一是学而找的能力。万事都需找，学习犹过之。不去找机会、找感觉、找问题……学习就无从谈起。逼未必能逼得出来，但一定需要自己去找出来。找是学习的先决条件和第一功夫。它主要在于以下方面。

*知行中去找。*在学习中知行，在知行中学习。知行需要什么、缺少什么，就要去学什么。要沿着人生的状态面去找，沿着人生的主线去找，沿着人生的主基调去找，要学好、就得找。

*有意识去找。*没心不会学，好坏在自己。如果没有时刻准备着一颗学习的心，即使学习的机会、状态、感觉来了，也会轻易地被自己弄丢了。留心处处皆学问，无心事事无心人，要做一个有心的好学人。

人生完整性思想

不经意去找。学习成习惯，无心也自然。要把学习当成自己的天性，脑子里多一根学习的弦，不过于刻意，也不过于随意，随时被外面的精彩不经意地拨动起来，学习往往也会无心插柳柳成荫。

二是学而思的能力。学习万般好，皆从思中来。学习的品质就在于思考，思考的程度越深，学习的效果就越好。学而思，就要让自己真正进入思考的状态，满脑子地去思考。它主要在于以下方面。

思必求新。学习重在新思考。思考必须联系起来、深入进去，必须养成批判性思考习惯，紧紧抓住要害问题去找新、探新、求新，努力做到常学、常思、常新。这是思考的意义所在。

思必求变。学习重在常思变。思考必须以变化的眼光看问题、以变化的态度看世界，在变化中求道达境，在思考中增长识变、应变、求变的能力。这是思考的价值所在。

思必求远。学习重在谋致远。思考必须与过去、现在、未来联系起来，必须与环境、时代、社会结合起来，不断丰富自己、拓宽自己、提升自己，让自己更加开阔起来。这是思考的魅力所在。

2. 学习能力

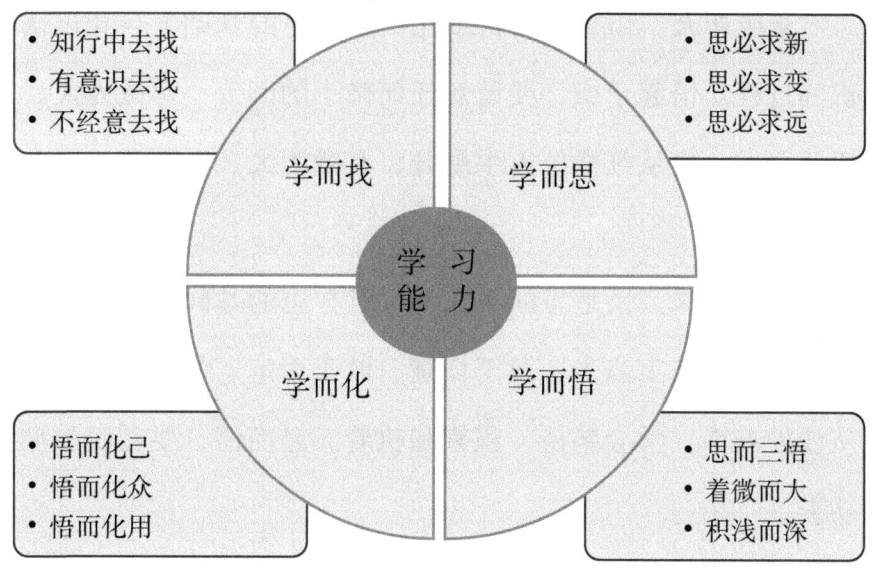

图2-2 学习能力

三是学而悟的能力。学别人的好学，悟自己的难悟。学习是一个从找、学、思、悟到化的循序渐进过程，找了、学了、思了还必须去悟，悟透了才能醒悟觉悟，才能更上一层楼。它主要在于以下方面。

思而三悟。悟是思的高级阶段，是把学来的东西与自己的知行系统融为一体的过程。思而悟，在心悟、知悟、行悟。要在心上悟通、知上悟透、行上悟明，悟成自己所特有的知行语言。

人生完整性思想

着微而大。悟是思的再细化，是在思的基础上自我再认识的过程。悟起于微，要留意任何微小的细节，存微为大。悟从于微，要从细微处入手展开，有微为大。思而悟，要在微上下功夫。

积浅而深。悟是思的再深入，是在思的基础上自我再造的过程。要破字当先，敢于怀疑、敢于否定、敢于破旧。要从浅处着手，学会坚持、积累和执着。思而悟，要在浅中见功夫。

四是学而化的能力。人行万里始于足，书读万卷终在化。化是学习的最高境界，是知行能力的顶层修炼，是让所学的内化于心、外化于行、回归到现实，既利己，也惠人，还益世。它主要在于以下方面。

悟而化己。学习不仅在于知识本身，更在于知识的运用。学习不能只停留在思悟上，而是要致力于化己，把学来的东西化为自己的知行能力，在实践中转化为自己的知行力量。

悟而化众。学习是相互的，教学是相长的。学习要跳出自我的篱笆，多探讨、多交流、多传播，学别人的、长自己的、化大家的，让更多的人从中获得启发、启迪和启示。

2. 学习能力

悟而化用。学习终在能致用，应用是学习的终极目标。学习要与时代合拍、与社会合流，以学正、从正、行正为知行的本色。致用要坚持从事实和实际出发，活学活用、落到实地。

学而找、学而思、学而悟、学而化是一个人学习能力的综合体现，是一个人最重要的能力之一。

事实上，学习不仅是一个人的重要能力，还是一个人深远的价值力量和一个成功者的基本品格。学习能改变自己的人生轨迹，能让自己的人生之路走得更加厚实。

然而，学习是一件苦差事，看起来似乎简单，学起来却不容易。学习是自己的事情，任何人都替代不了。学习首先要端正态度，务必走出**四个误区**。

一是不仅仅读书才叫学习。人的一生都在学习，在学校里是学习，在社会上是学习，在哪里都是学习。不仅要向书本学，还要向社会学，把学习当成自己的生活状态和修炼方式，走到哪里、学到哪里。

二是不拘一格学习。学习没有固定形式，哪里都是课堂，什么都是课本，谁都可以是自己的老师。无论学什么，总可以找到恰当的角度去学，总是要以正确的态度去学，学

人生完整性思想

了就必有所获。

三是没有学习时间不是理由。学习不会一蹴而就，需要不断地积累。会学习的人，最会利用碎片化的时间，这是一个人最智慧的地方。要在书海里默默耕耘，不为时间而发愁。

四是学了多少不是关键。学习不在于学多少，而在于精深。积少才能成多，所思、所悟、所化的，只要有深度感悟、知识复制或者学习附带，哪怕是一点点的收获，都是值得庆贺的。

学习是要有境界的，也是需要追求境界的。学习最佳的心境是自然，最大的乐趣是享受，最高的情趣是品位，最好的礼物是问题，最美的感觉是拥有，最妙的场境是氛围，最亮的景色是过程。

学习是人生路上的难忘脚印，它们是自己思想进步的痕迹、能力提升的烙印、实践的种种成果，是自己人生道路上非常厚重的注解。从某种意义上讲，学习是一种成功的生活方式。

人活着，学习太重要了。

你会学习吗？

3. 角度能力

角度是知行的必需品。

角度是知行起步的切入点、知行过程的控制点、知行收尾的落脚点，贯穿于知行的全过程。人们干什么都离不开它，什么时候都需要它，最后还都取决于它。

没有角度，思维便是空中楼阁。没有思维，角度便是水中之月。角度和思维同等重要，它们相生相伴、缺一不可，共同支撑着知行的所有过程。角度能力是知行的**第三个基础能力**。

没有角度不成知行。知行的每一步都要从角度开始，都需要选择一个恰当的角度，否则就难以知行下去。而角度不同，知行的过程就会不一样，知行的结果也会千差万别。

角度往往致胜也致命。有时从这个角度看没问题，从那个角度看就有问题，问题就在于自己所选择的角度。选不好角度一切都很麻烦，有时还很致命，而选好了角度往往就会一马平川。

人生完整性思想

角度背后有深刻的含义。它往往意味着一个人的立场、站位或态度，意味着知行的方向、方法或路径，意味着一个人的性格、爱好或者情感，对一个人的影响是深刻而巨大的。

角度是知行过程的缩影。思维是有角度的思维，思想是有角度的思想，行为是有角度的行为，目标是有角度的目标……它们都是角度选择的结果。角度深刻反映着知行过程的面貌。

角度是一个广义的概念。它没有定规，也没有界限，所有影响知行的要素都是角度，所有自己能想得到的都可以是角度，都是可以选择的角度，关键就在于自己怎么看、怎么想。

角度无好坏，选择有对错。一件事情的角度总是很多的，角度选对了，对知行就非常给力，还能给人以振奋。角度是很奇妙的东西，有时一个刁钻奇特、异想天开的角度，却能收到意想不到的效果。

3. 角度能力

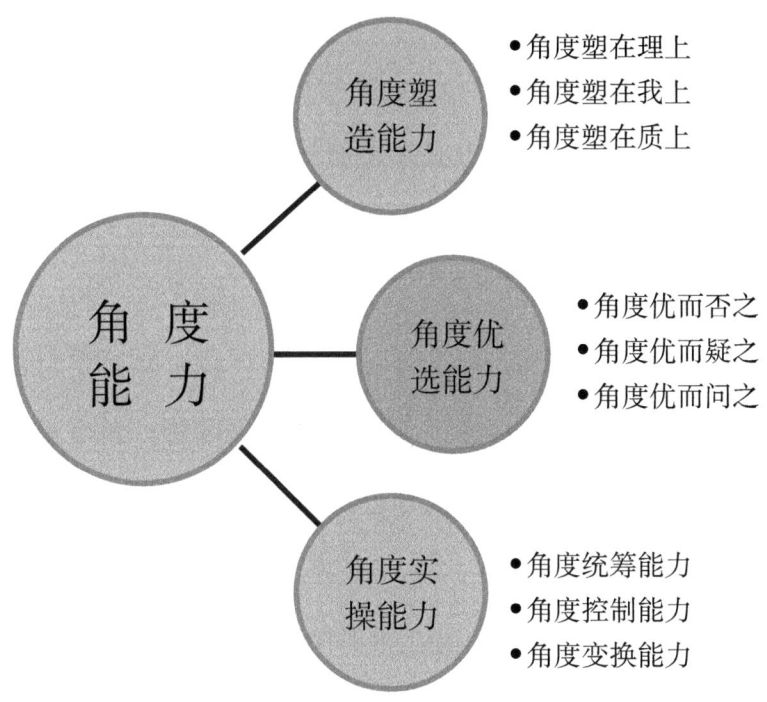

图2-3 角度能力

角度问题是知行的大问题。角度是自己眼里的、脑里的东西,是一个人眼力和脑力的问题。从系统论和完整性角度出发,一个人的角度能力主要取决于三个方面。

一是角度塑造能力。美玉琢而成器,角度塑可妙用。知行的角度形形色色、一念三千,有时就摆在那里,有时还藏得很深,需要精心琢磨才能成为一件精美的"艺术品"。它

人生完整性思想

主要在于以下方面。

角度要塑在理上。有理走遍天下，无理寸步难行。知行有规律也有规矩，角度也必须符合知行的规律、遵守知行的规矩。无论什么角度都要以理为先，都要占住一个理字，否则，知行就会很无理。

角度要塑在我上。角度万千，终归在我。知行是自己的知行，角度是自己的角度，无论从哪个角度看，角度都反映着自己的人生百态，都是对自己的形象塑造。塑造角度要以我为镜、按图索骥。

角度要塑在质上。角度在质不在量，无质知行空彷徨。知也罢、行也罢，角度都必须以质取胜，都必须抓住本质、体现特质、确保品质，为高质量知行锻造出一把制胜的金钥匙。

二是角度优选能力。角度没有最好，只有更好。角度有时很具体，有时也很抽象，点线面的、物质精神的、情感性格的……都是角度的范畴，都要以优为纲、优中选优。它主要在于以下方面。

角度要优而否之。卓越往往在否定中诞生。卓越的角度有时就在既有的对立面，就在自己的犹豫不决之间。但要有舍得精神，敢于否定自我，不怕推倒重来，以否定换肯定，

3. 角度能力

在否定中求得更好。

角度要优而疑之。怀疑是智者常有的谨慎态度。要常怀不满意的感觉,把标准再提高一点,把砝码再加大一点,反复斟酌、仔细掂量,不要轻易下定论,一定还有更好的角度。

角度要优而问之。留有问题不自满。即使最好的角度也仅仅是当时的选择,时过境迁了就未必如此。弓不拉满、心留余地,角度也不能打满分。把问题留下来,是给未来所留下宝贵的财富。

三是角度实操能力。知行总是变幻多端,角度自然细数万千。角度不能一塑了之、一选而终,而是要随着知行而变,及时跟踪并进行必要的干预和管控,使之成为知行的助力和推力。它主要在于以下方面。

角度统筹能力。角度往往牵一发而动全身。要以联系的、动态的、辩证的眼光,站在系统的角度看整体,站在过程的角度看价值,站在要素的角度看现象,统筹兼顾、协调推进,而不是各唱各的调。

角度控制能力。角度是知行过程最活跃的因素。角度问题往往就在于它和知行要素的匹配性,在知行过程中必须及时跟进,随时做出必要的调整,把知行的偏差控制在允许的

人生完整性思想

范围之内。

角度变换能力。角度往往在变换中绽放。在知行过程中，不能把活的角度弄成死的角度，而是要经常变换视野、视角和视线，立体化、系统性考察角度与知行的对应关系，以求得最佳的角度效果。

角度塑造能力、优选能力和实操能力是一个人角度能力的综合体现，是一个人最重要的能力之一。

知行一人一样，角度一人百样。人们对角度的理解和选择不是固化的，在许多因素内外交加下，任何事情就会有很多的角度。要置身事外找角度，置身景外看地图，做好上"庐山"前的功课。

不识角度真面目，只缘身在知行中。人是知行的本体，角度是知行的载体，知行需要什么角度，就该去找什么角度，并从这里出发，沿着知行过程去探秘寻幽，才能真正识得"庐山"真面目。

任何问题都与所选的角度有关。角度出了问题，知行必然出问题。没找到角度是问题，角度选错了也是问题，不去找角度更是问题。从某种意义上讲，角度就是问题的代名词。

角度不仅不是摆物，更不是玩物，而是知行的重要筹

3. 角度能力

码，与人们的内涵品质紧密相关。正确的角度可以少走很多弯路，但千万不要患上**三种角度综合征**。

一是角度狭隘。这样的人小我站位、自私自我，没有整体观念和系统观念，缺乏大局意识和过程意识，个人主义和本位主义严重，眼里只有自己的一亩三分地，只管自己笑、不闻他人哭。

二是角度短视。这样的人一米视野、鼠目寸光，没有发展眼光和长远眼光，缺乏战略意识和创新意识，看重眼前利益和局部利益，眼里只有自己的小九九，只管今日饭、不问明日米。

三是角度肤浅。这样的人方寸世界、坐井观天，没有探索精神和进取精神，缺乏变化意识和问题意识，盯着表面现象，在乎形式仪式，眼里只有自己的小天地，只管外面好、不求里面实。

一旦有了这三种角度综合征，轻者往往"伤身"、重者还会"丧命"，这是一个人不能触犯的知行大忌。

千万不要小我站位、一米视野、方寸世界。

角度好，知行便好。人活着，角度太重要了。

你有角度吗？

4. 沟通能力

沟通是一个人最寻常的事情。

人的一生很大的精力都花在了沟通上，很多问题往往都是因为沟通出了问题。沟通是必不可少的，谁也绕不过、避不开、躲不掉。沟通无处不在，没有沟通有时会寸步难行。

沟通是知行的前提和基础。如果缺少沟通，人们在思想、情感、价值或者行为等方面就会产生分歧或矛盾，知行的过程就难以有效推进。沟通能力是知行的**第四个基础能力**。

沟通具有不可替代的地位。无论思想的还是行为的、思维的还是角度的，任何事情都需要保持沟通，在沟通中维系关系、达成共识、向前推进。**沟通是人与人打交道的第一关。**

沟通具有无与伦比的作用。人和人之间如果没有沟通，彼此的关系就会远、感情就会淡、联系就会断，知行的过程就会成为自己一个人的"独角戏"。**沟通是人与人打交道的第一法。**

沟通贯穿于知行的全过程。如果没有沟通，知行的方向、路线和步调就会不协调统一，知行的过程就会脱节、逻

4. 沟通能力

辑就会割裂，知行的脚步就难以继续下去。**知行的每一步都离不开沟通。**

沟通散布在知行的每一个角落里。在家里要和父母爱人孩子经常沟通，在单位要和领导同事客户经常沟通，在社会要和亲朋好友经常沟通。**沟通少了，往往问题就来了。**

自我沟通是最重要的沟通。与外部沟通之前首先要和自己沟通，自己和自己对话，自己向自己提问，自己找自己的长短，自己给自己找平衡点，让自己的知和行首先统一起来。

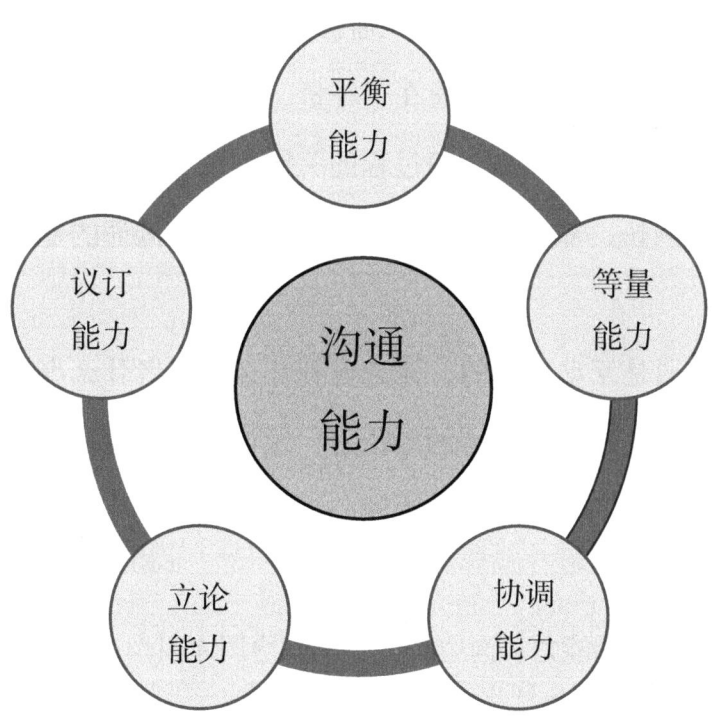

图2-4　沟通能力

人生完整性思想

沟通决定知行的走向。沟通怎么样，知行就怎么样。沟通到了哪里，知行就到了哪里。从系统论和完整性角度出发，一个人的沟通能力主要取决于五个方面。

一是平衡能力。沟通务求平衡，平衡才能沟通。平衡是沟通的本质，是沟通的追求目标。没有平衡，沟通的基础就不牢靠，知行的前提就不切实。**平衡是沟通的基本原则之一。**

沟通是相对相互的，无论利益还是情感、整体还是局部、综合还是具体，都是各相关方的知行诉求，需要在沟通中彼此认同，在沟通中实现平衡。沟通首在平衡、成在平衡。

二是等量能力。沟通在于等量，等量才好沟通。等量是沟通的信任基础，是沟通过程的关键。没有等量，沟通的渠道就不顺畅，知行的信息就不对称。**等量是沟通的基本原则之二。**

沟通是互动对等的，无论遇到什么人或者什么事情，彼此都需要站在一个对等的地位上，说彼此听得懂的话，做彼此理解得了的事，求得最大的公约数。沟通重在等量、胜在等量。

三是协调能力。沟通需要协调，协调才叫沟通。协调是沟通的核心，是沟通过程的必然。没有协调，沟通的行为就不落

4. 沟通能力

地,沟通的角度就会踏空。**协调是沟通的基本原则之三。**

沟通是对问题的协调,无论自身问题还是对方问题、要素问题还是系统问题、过程问题还是目标问题,都是彼此关注的焦点,都是沟通的重要内容,都需要去协调解决。沟通全在协调、落在协调。

四是立论能力。沟通是利益的较量,自己必须旗帜鲜明。不仅要把对方的情况摸清楚,更要把自己的诉求亮出来,立定沟通的主意和主心骨,在沟通中来回有度、进退有序。

沟通必须明确靶向,不仅要去找彼此的共同点,还要去找彼此的矛盾点,更要去找彼此的平衡点,三足才能鼎立,三点才能定靶,以此为沟通的准线,按照预设的方向逐步推进。

五是议订能力。沟通是人的交流,我必须身在其中。沟通能否顺成,最终要体现在人的表现上,包括素质、情感、方法、技巧、状态、环境等方面,都需要充分调动起来,否则就会功亏一篑。

沟通不能一味地由我,不要把输赢成败作为沟通的唯一标准,沟通了就是成功的第一步。要先说服自己,再去说服别人,求同存异、增同减异,不断拉近彼此的距离,取得对方的信任。

人生完整性思想

平衡能力、等量能力、协调能力、立论能力和议订能力是一个人沟通能力的综合体现，是一个人最重要的能力之一。

沟通是一个人的内在特质。大凡一个伟大的人物，一定具有非凡的沟通能力。这种能力是集感召力、亲和力、向心力、凝聚力和影响力于一身的人格魅力。

沟通是一个复合的过程。它往往需要在不同的层次、内容和形式上展开，既不是简单的接触，也不是一般的交换，许多地方还需要深入地、反复地沟通才能见效。

沟通也需要有一定的节奏。沟通不仅在于争，还在于让。它是彼此讨价还价、互让互利的结果，有时很艰难，有时很不在状态，有时还真沟通不下去，需要把握好合理的节奏。

沟通是知行的一门艺术。沟通的内容、技术、方法虽然很重要，但沟通的形式、情绪、态度往往决定着沟通本身。从沟通之外的角度去沟通，沟通往往更具有灵感和美感。

沟通是一个人的修炼修行。沟通问题是知行的大问题，它是自己的思想观念、知行能力和人生境界的综合反映。良好的沟通不仅可以雪中送炭，还可以锦上添花，但一定要努力克服三种沟通毛病。

一是克服心浮气躁。沟通必须彼此尊重、相互理解，不

4. 沟通能力

能一说就急、一谈就吵,也不能还没听完就打断别人、还没谈完就画句号,不要把自己的意见强加于别人,耐心一点,气氛自然就融洽了。

二是克服失我失位。沟通需要你来我往、交流互鉴,不能高高在上、盛气凌人,也不能自我贬低、唯唯诺诺,意见要充分交换,问题要充分表达,诚心一点,心里自然就平静了。

三是克服唯我为我。沟通一定互利互惠、彼此认同,不能只考虑自己的、只为了自己的,也不能得理不让人,更不能无理还蛮缠,退一步海阔天空,让一点雨露满园,不是原则问题总是好办的。

没有沟通,也许一切都会止于一步之内、停留在梦想之中。

人活着,沟通太重要了。

你会沟通吗?

5. 应变能力

变化是每天都要面对的事情。

人的一生都在变化着。无论是年纪、身体、情绪，还是思想、知识、能力，每个人都一直在变化着，都会在变化中成长、进步或者发展，也会在变化中衰落、倒退或者落后。**人活着，始终在变化。**

人的一生都被变化着。无论是国家、社会、组织，还是科学、技术、艺术，人们所处的环境一直都在变化，谁都不能置身于变化之外，谁都会受到变化的影响。**人活着，始终被变化。**

人的一生都在应变中。无论自己变了还是环境变了，知行都要跟着变，在应变中适应环境，在应变中求得新变化。人因变而为、因变而成，也因变而败、因变而亡。**适者才能生存，变者才有未来。**

未来成功的一定属于抢先变化一步的，任何无视变化都将付出沉重的代价。只有迎着变化前行、沿着变化攀登，一个人

5. 应变能力

才有顽强的生命力。应变能力是知行的**第五个基础能力**。

变化不断打破人们所固有的种种界限和模式，完全改变了过去的生存方式，逼着、推着、拉着人们不断地去改变自己、迎接挑战，把自己不断推向更远的未来。**未来由变化所决定**。

变化是当今世界最显著的特点、最普遍的现象和最本质的内容，它决定着人类的发展进程，决定着组织的前进步伐，决定着每一个人的人生历程，给我们带来了一切。**未来一切属于变化**。

应变是一种生活常态。人们每天都要和变化打交道，都在应变中生存生活，只有以变应变、以变促变，在变化中改变自己、赢得变化，知行才能变得更加主动务实。

应变之道在于我。水无常形、兵无常势、变无常态，只有以变化总揽、用变化统筹、将变化置于顶层，自觉去思变、识变、应变、处变、求变……人生才能变而化好、变而化成、变而化美。

变化千姿万态，绝没有不为而知、不为而成的好事，必须从变化中来、到变化中去，变而知之、变而行之。从系统论和完整性角度出发，一个人的应变能力主要取决于三个方面。

人生完整性思想

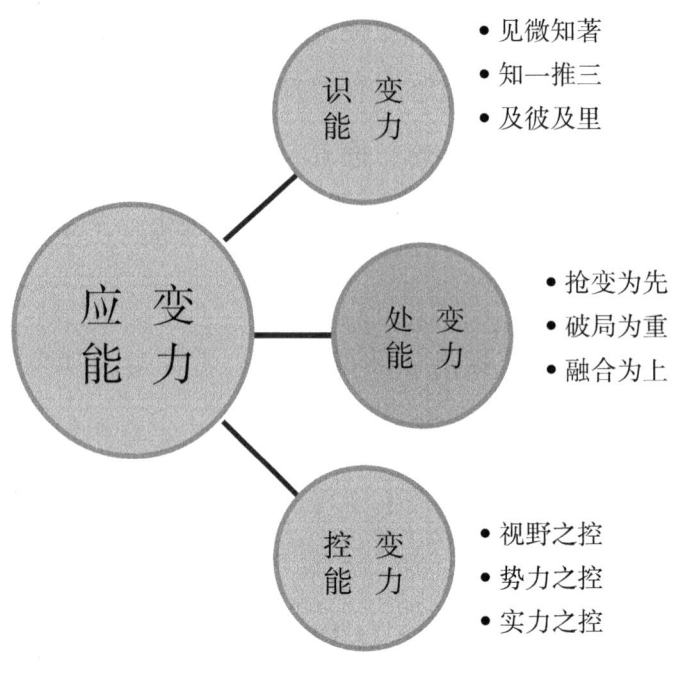

图2-5　应变能力

一是识变能力。变化不辨不明，应变不识无据。变化波折无常，有时很难说得清楚，还经常被人们忽视，不把它辨识出来，应变就无从下手。识变是应变的开场戏。它主要在于以下方面。

见微知著。应变之功重在识小。要保持对变化的敏感性和警惕性，立足于早、着眼于小，在细微处看变化，于变化中找脉络，小而识之、小而入手、小而见大，从而辨识出更

5. 应变能力

大的变化。

知一推三。应变之功重在识多。要保持对变化的预见性和洞察力，立足于远、着眼于宽，在变化里看变化，于变化中找变化，由近及远、由窄及宽、由少及多，从而辨识出更多的变化。

及彼及里。应变之功重在识深。要保持对变化的探索性和创造力，立足于本、着眼于末，在变化深处看变化，于变化背后找变化，由此及彼、由表及里、由浅及深，从而辨识出更深的变化。

二是处变能力。应变之功在于变，更在于化。变化来了，自己就必须跟着变，必须在变化中寻机突破，化不利为有利、化被动为主动、化阻力为推力。处变是应变的重头戏。它主要在于以下方面。

抢变为先。变化不会等你，机会稍纵即逝。你不抢先，必被抢先。要有先手意识和先手方法，抢字当先，去抢先机、先势，抢在变化之前先一手布局、先一手行动，抢先一步、领先一路。

破局为重。变化缠绕着你，不能为它所困。要有思想性跨越和创造性行为，不被传统围囿，不为经验束缚，不受形

人生完整性思想

式困扰，敢于突破自我，冲出旧边界、打开新局面，破而后立、除而再成。

融合为上。变化也是对手，共处才能共赢。变化和知行同在一个价值链上，要有境界情怀和超常行为，对变化要容纳、尊重和善待，和变化要神会心融、同异同园，变化才能纳为己有、为己所用。

三是控变能力。变化难免超出预期，应变自当掌而可控。变化在变、应变在变、人也在变，以前的认知难免会有漏洞或错误，必须管控有加方能左右变化。控变是应变的压轴戏。它主要在于以下方面。

视野之控。把得住局面才有主导权。要站在变化之上看变化，与变化保持适当的高差，把变化置于自己的视野之内，抓住变化的核心，统揽变化的事态，统筹变化的状态，稳住变化的局面。

势力之控。把得牢趋势才有话语权。要站在变化之外看变化，与变化保持适当的距离，把变化置于自己的势力之内，抓住变化的主线，统揽变化的态势，统筹变化的走向，控住变化的趋势。

实力之控。把得好现场才有主动权。要深入变化之中

5. 应变能力

看变化，与变化保持密切的沟通，把变化置于自己的实力之内，抓住变化的关键，统揽变化的过程，统筹变化的要素，管住变化的现场。

变化的识变能力、处变能力和控变能力是一个人应变能力的综合体现，是一个人最重要的能力之一。

应变之事不会一劳永逸，应变之功不在一时一地，一定先在自己。要把自己找回来、重新定义自己、从自然处出发、把过程看成生命、储备潜在力量、抑制名利之心，它们是自己应变的手中利器。

任何变化都是由一点一滴的改变积累起来的。要树立微变意识，不忽视微小的变化。改变一点也是创造，提高一点也是进步，这是人类创造活动最崇高的品格。

变化的距离不是问题，冷漠才是对自己的摧残。世界上任何变化其实都与我们有关，变化虽远亦近，就像在你眼前一样。世界那么小，远方并不远。

变化是平衡的变化，平衡意味着过去的结束、现在的展开、未来的萌芽。要在不平衡中看平衡，在不平衡中找平衡，在不平衡中求平衡，应变才有可能进入快车道。

变化是对立统一的矛盾体，是偶然与必然相结合的产

人生完整性思想

物。有时巨大的进步恰恰来自侥幸犯错，而破坏有时却是推动知行的光辉力量，应变有着如此诱人的魅力。

变化经常让人捉摸不透，有时即使万事都具备了，东风也来了，应变也不一定就能如己所愿，知行也不一定就会顺利圆满。凡事要想得全一点，看看还有什么遗漏。

人活着，应变太重要了。

你会应变吗？

三、问题左右人生

1. 问题从哪里来

问题生而即有。

它和空气一样到处存在,是生命里不可或缺的东西。

人们最容易忽视的是问题,最容易忘记的是问题,尤其是自己的问题。有些人甚至被问题弄得遍体鳞伤时,还感觉不到有什么问题。**无视问题是一个人最大的悲哀。**

有的人一说就急、一点就着,有的人动不动就生气、时不时会烦闷,有的人翻脸比翻书还快……种种浮躁现象,哪一个不是自己的问题,谁又没有为此后悔过。

最让人无语的是,有的人自己有没有问题都不清楚,问题怎么来的都不知道,稀里糊涂、麻木不仁,以至于作出一些令自己都无法理解的举动,而自我感觉还非常良好。

人生完整性思想

问题对一个人的影响是全方位的，没有人可以躲得过它的考验。问题对一个人的价值也是全方位的，而有些人常常与之擦肩而过，擦过的往往是机会。**人生的价值是由问题背书的。**

人生缺了问题就会缺很多，少了问题也会少很多。问题找得越多就越周全、想得越多就越完整，知行的准备才充分，人生的过程才踏实。**人生的意义是由问题诠释的。**

人生是问题的人生，问题是人生的问题。问题是个好东西，它能让一切都成为可能。找到问题是最大的赢家，知行才会有成功的筹码，人生才会有转折的跳板。**人生的道路是由问题铺垫的。**

没有问题的人生是不完整的。不要害怕问题，也不必回避问题，更不能忌讳问题。人生要多找问题，从找问题开始。

一是系统问题。人生由系统组成，知行由系统合成。系统问题是科类问题，是所有问题的病根。找问题首先要找系统的病症，千万不要头痛医头、脚痛医脚。

二是过程问题。人生由过程连接，知行由过程推进。过程问题是属类问题，是所有问题的病灶。找问题一定要找过程的病症，千万不要丢掉了过程、迷失了方向。

1. 问题从哪里来

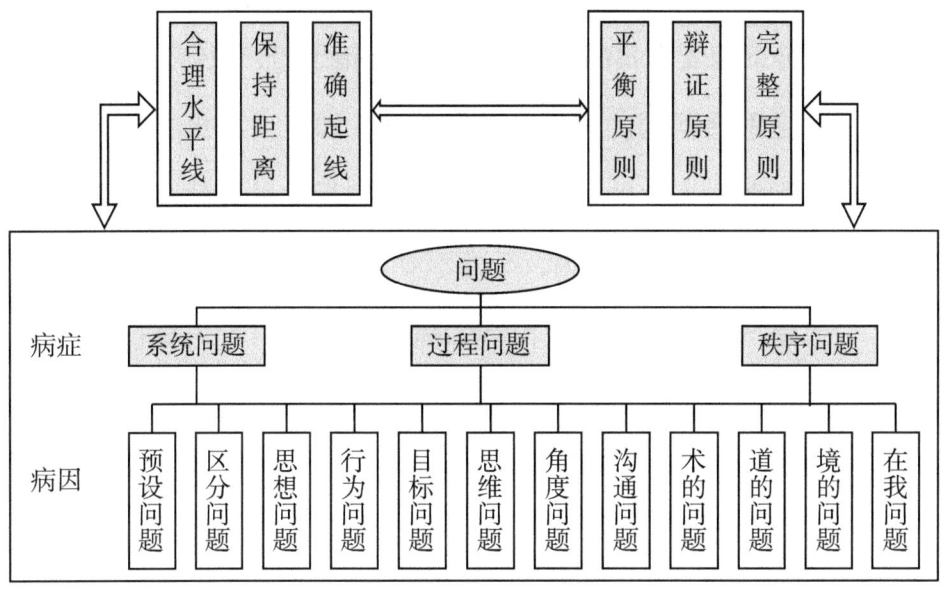

图3-1　问题从哪里来

三是秩序问题。人生由秩序规范，知行由秩序约束。秩序问题是种类问题，是所有问题的病象。找问题一定要找秩序的病症，千万不要把错了脉、开错了方。

四是预设问题。人生由预设所限，知行由预设所制。预设出了问题，人生就会变味，知行就会变样。要从预设的角度去找病因，千万不能弄错了方向、一条路走到黑。

五是区分问题。人生由区分定位，知行由区分定向。区

人生完整性思想

分出了问题，人生就会犯路线错误，知行就会出原则问题。要从区分的角度去找病因，千万不要上错了船、跟错了人。

六是思想问题。人生由思想左右，知行由思想主导。思想出了问题，人生的信仰就会流离，知行的灵魂就会失所。要从思想的角度去找病因，千万不要丢了初心、忘了使命。

七是行为问题。人生由行为播种，知行由行为耕耘。行为出了问题，人生的质量就会下降，知行的效能就会降低。要从行为的角度去找病因，千万不能无知无畏、不管不顾。

八是目标问题。人生由目标引领，知行由目标推动。目标出了问题，人生就会失去动力，知行就会失去推力。要从目标的角度去找病因，千万不要上错了花轿、嫁错了郎。

九是思维问题。人生由思维统领，知行由思维调度。思维出了问题，人生就会陷于被动，知行就会处于混乱。要从思维的角度去找病因，千万不能由着性子瞎胡闹、乱弹琴。

十是角度问题。人生由角度巡航，知行由角度扫描。角度出了问题，人生什么问题都会发生，知行什么情况都会出现。一定要从角度上去找病因，千万不能像无头苍蝇那样乱飞乱撞。

十一是沟通问题。人生由沟通弹奏，知行由沟通吟唱。

1. 问题从哪里来

沟通出了问题,人生就会离谱,知行就会跑调。要从沟通的角度去找病因,千万不要各弹各调、各唱各曲。

十二是术的问题。人生由术打基,知行由术开道。术出了问题,人生就会左右摇晃,知行就会举步维艰。要从术的角度去找病因,千万不要揽来瓷器活,却没金刚钻。

十三是道的问题。人生由道稳盘,知行由道戍边。道出了问题,人生就容易翻船,知行就难免出格。要从道的角度去找病因,千万不要与虎谋皮、反遭身祸。

十四是境的问题。人生由境封顶,知行由境挂帅。境出了问题,人生就会崩塌,知行就会沦陷。一定要从境的角度去找病因,千万不要无病呻吟、庸人自扰。

十五是在我问题。人生由在我执笔,知行由在我判卷。在我出了问题,人生就怨不得命运,知行就怪不了别人。找问题最终要从在我的角度去找病因,千万不要东说张三、西问李四。

找问题是知行的高级化行为,不仅在于找什么样的问题,还在于怎么去找问题,这完全取决于一个人观念和技巧的临场选择。

一是要设置合理的水平线。水平线是一个人的目标线或

人生完整性思想

基准线，也是自己的心理线，有没有问题的分界线。这条线放低一点，问题自然就会少一点。而找问题恰好相反，要把这条线适当地提高一点。

二是要保持一定的距离。距离产生美，是因为距离产生问题。未知的、未来的或者没有实现的，都与自己有距离，都是需要解决的问题。问题总在距离中，找问题要有距离感。

三是要善于准确地起线。从系统起线就抓住了问题的根本，从思维起线就抓住了问题的核心，从角度起线就抓住了问题的要害。起好了线，找问题往往就会事半功倍。

找问题是聪明人所为，不能受狭隘局限，也不能被偏见蒙蔽，更不能为短视欺骗。找问题要始终坚持三个原则。

一是平衡原则。任何事情都要力求平衡，要平衡地看问题，平衡地找问题，用平衡来判别问题。

二是辩证原则。任何事情都要力求辩证，要辩证地看问题，辩证地找问题，在辩证中找到问题。

三是完整原则。任何事情都要力求完整，要完整地看问题，完整地找问题，找不完整的问题。

没有脑子很可怕，没有问题更可怕。问题永远找不完，

1. 问题从哪里来

把问题想得多一点总是好的。

找问题,尤其是找自己的问题,本身就是一种境界。

要看得见别人的好,找得到自己的错。

2. 问题到哪里去

问题是鲜活的。

面对问题,人也必须鲜活起来。

让自己鲜活起来,就是要坚持从问题中来、到问题中去,与问题手拉手,和问题面对面,为有问题而叫好,为没问题而发愁,在问题中知行,**用问题丰富自己的人生。**

然而,有些人却习惯于拿昨天来说今天,用别人来衡量自己,不管昨天和今天有没有变化,也不管别人和自己有没有可比性,硬是要把昨天和今天、别人和自己画起了等号。

这是脱离了实际看问题,不分青红皂白,不问来龙去脉,不具体问题具体分析,看起来很鲜活、很有道理,其实是主观武断、僵化教条,还容易好心办成了坏事。

问题也是变化的,而且,往往问题之前有问题,问题之中有问题,问题之后还有问题。问题千差万别,有时还千变万化,虽然不知道未来会有什么问题,但**未来一定会有问题。**

2. 问题到哪里去

问题也是相连的，有些问题会叠加在一起，有些问题会交织在一起，有些问题还会派生出新的问题。屋漏偏逢连夜雨，问题多在不眠中，它们往往会接踵而来。

问题有来必有去，一定有迹可循。问题不会凭空而降，它总有一定的因果关系，总有一定的演变过程。问题必然产生变化，变化必然产生问题，**看问题不能停留在已知的状态**。

问题和变化总是相互掺杂、相互转化的，它们你中有我、我中有你，彼此剪不断、掰不开。要紧紧抓住问题和变化的特殊逻辑关系，顺藤摸瓜、刨根问底，弄清楚问题究竟要到哪里去。

要坚持以问题为始终，**沿着问题看变化、沿着变化看问题**，循环递进、深刻探究，把问题的来龙去脉搞清楚，把产生问题的问题弄明白，让问题完整清晰地展现出来。

人生完整性思想

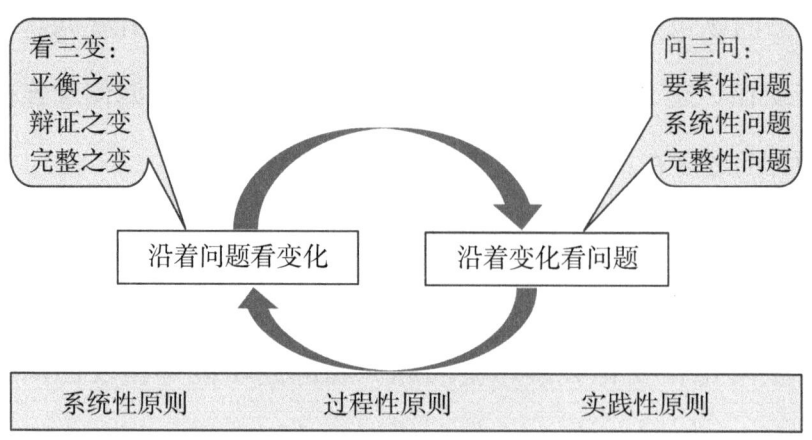

图3-2 问题到哪里去

沿着问题看变化，就是从问题出发，以问题为因、变化为果，沿着问题的发展路径，看问题会引起什么样的变化。要走一步、看三变，通过问题洞察变化的先机。

一看平衡之变。问题从不平衡中而来，也必然引起平衡的变化。要看平衡的变化、平衡地看变化，从平衡的角度看问题会带来什么样的变化，以掌握问题的大面。

二看辩证之变。问题是一而多分的，也自然需要从不同的角度去审视变化。要看辩证的变化、辩证地看变化，用逆向思维去看问题和变化的辩证关系，以掌握问题的对立面。

三看完整之变。问题意味着不完整，沿着问题看变化也

2. 问题到哪里去

必须力求完整。要从完整角度去看变化，看完整的变化、完整地看变化，并与平衡之变、辩证之变综合起来，以掌握问题的全局。

沿着变化看问题，就是从变化出发，以变化为因、问题为果，沿着变化的发展方向，看变化会带来什么样的问题。要走一步、看三问，通过变化预见问题的先兆。

一看要素性问题。要素性问题是细节问题，沿着变化看问题首先要看要素性问题。要动态地看问题、看问题的动态，用动态的眼光看变化会带来什么样的要素问题，以掌握问题的细目。

二看系统性问题。系统性问题是结构问题，沿着变化看问题必须看系统性问题。要联系地看问题，看问题的联系，用联系的眼光看变化会带来什么样的系统性问题，以掌握问题的总纲。

三看完整性问题。要全面地看问题，看全面的问题，用全面的眼光看变化还会带来什么样的问题，并与要素性问题、系统性问题综合起来，以掌握问题的全貌。

问题不是绝对的，沿着问题看变化、沿着变化看问题也不是绝对的，它们是看问题的两种角度、两个阶段，既相互

人生完整性思想

独立，也相互补充；既可以单独运用，也可以循环推进，要根据实际灵活掌握。

问题不是教条的，沿着问题看变化、沿着变化看问题也不能教条，它们是看问题的两种思路、两种方法，既内在相连，也各自成型，不必拘泥于程式，也不必受限于套路，要根据需要灵活运用。

问题看得准，人生才能走得稳。看问题是一种借鉴已知的、基于实际的、探求未来的智慧行动，是知行转机突破的关键点，要下真功夫、求真实效，绝不能一知半解、轻描淡写。

问题不会无缘无故，变化不会单枪匹马。沿着问题看变化、沿着变化看问题也不能独来独往，必须坚持系统性、过程性和实践性原则，做到三者彼此协同、有机统一。

要坚持系统性原则。看问题不能只盯着问题，看变化不能只想着变化，而是要把它们放到更大的系统环境中，站得更高一点、看得更远一点、想得更全一点。

要坚持过程性原则。看问题不能忘记过程，看变化不能陷进过程。要心里想着过程、眼睛看着过程、脚下走着过程，沿着过程一步一步地向前推进。

要坚持实践性原则。看问题要不求虚，看变化要唯求

2. 问题到哪里去

实。要讲究实际、注重实情、关注事实,以实践为检验标准,不断地增强分析问题、解决问题的能力。

世上没有纯粹的问题,都是自己的角度问题。从这个角度看是问题,从另外的角度看未必就是问题。找到恰当的角度,就是找到了问题,就明白了问题要到哪里去。**看问题需要变换角度。**

世上没有纯粹的角度,都是自己的态度问题。对自己的问题和对别人的问题,人们的态度是不一样的。要站在对方的角度,设身处地为别人着想,看问题就会更加理性。**看问题需要换位思考。**

世上也没有纯粹的对错,都是自己的认知问题。谁也不能保证百分之百没有失误,时间长了难免会看走了眼。要学会给自己打引号、给问题打问号,经常反问才会渊博起来。**看问题需要自警自省。**

问题也欺软怕硬,你不怕它,它就怕你,你若怕它,它必欺你。

问题看错了,麻烦就大了。看问题犹如看病,来不得半点马虎。

和问题打交道,要循序渐进、脚实心细。

3. 问题基因密码

未来属于有准备的人。

未来什么最重要，为未来的准备才最重要。

为什么人们有时会丢三落四？

为什么人们有时会手忙脚乱？

为什么人们有时会惊慌失措？

问题往往就在于自己还没有准备好。准备好了，知行才能行而不乱、为而有序。而在很多事情上，人们其实都没有真正地准备好。

道理谁都明白，问题却依然存在。探其究竟，许多事情其实并不完全在于问题的本身，而是在于**问题背后的问题**。

通常看来，问题背后的问题主要是人们的认识态度、风格习惯等问题，但即便是人们的认识态度和风格习惯都没问题，可有些问题还是会依然发生。

从完整性分析角度来看，问题背后的问题一定在我，它是人性弱点在知行中的具体表现。而人性弱点和问题之间的

3. 问题基因密码

鸿沟是根深蒂固的，这才是问题的根之根，是**解决问题的基因密码**。

有时，人性的弱点很容易被放大、扭曲或者转移，以至于情绪占据了主导。在这种情况下，许多问题在人性弱点面前已经算不了什么。解决问题之前必须**首先解决自己的问题**，后面的问题才会变得简单起来。

每个人身上或多或少都会存在一定的人性弱点，去不掉、改还难，如果不加以正向牵引或控制消减，往往还会走向极端，转变为德性品性等问题，会严重影响一个人的人生状态。

人性是一个人的天性、生性和习性三者的综合体现。在知行的过程中，必须努力克服人性九大弱点。

一是不过于自我。一个人如果过于自我，就容易自私、自大、自负，难免自以为是、自命不凡、刚愎自用。自己最了不起，谁也瞧不上。问题都是别人的，自己哪里会有错。

这样的人往往看不见自己的问题，听不进别人的意见，与人很难合作，遇事独断专行，好大喜功、骄傲自满，一不小心，一手好牌就被糟蹋了。过于自我是知行的天敌。

二是要摒弃偏见。一个人一旦有了偏见，就容易偏激、

人生完整性思想

偏听、偏信，难免偏浅窄陋、偏三向四、以偏概全。问题我已明白，不过就是如此。情况我最清楚，不过就是那样。

这样的人往往斜着眼睛看人，耸着肩膀走路，不作调查研究，不作客观分析，耳根还很软，主意倒挺正，心眼不大、脾气不小、为人固执。偏见是知行的路障。

三是不贪慕虚荣。一个人如果贪慕虚荣，就容易虚伪、虚浮、虚幻，难免弄虚作假、虚头巴脑、好为虚势。胸无几把尺子，非要爬高百丈。人无几斤几两，却想力挑千斤。

这样的人往往死要面子活受罪，在乎表面、追求名利，水平不高、要求不低，内心空虚、幻想连连，吃着碗里的、看着锅里的，没有满足的时候。贪慕虚荣是知行的杀手。

四是不过于功利。一个人如果过于功利，就容易趋利、重利、唯利，难免急功近利、见利忘义、利欲熏心。无利不起早，有利三更忙。一点亏也吃不得，一点委屈也受不了。

这样的人往往功为至上、利为第一，好大喜功、好高骛远，功利胜过生命，金钱赛过道义，为了名利削尖脑袋，有了名利更想名利。过于功利是知行的仇敌。

3. 问题基因密码

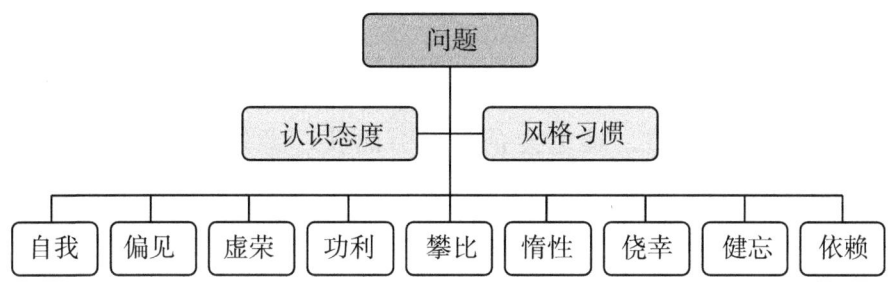

图3-3　问题基因密码

五是不盲目攀比。一个人如果不切实际地盲目攀比，就容易失常、失落、失误，难免患得患失、有失偏颇、失之轻率。心思和精力都用在了攀比上，却忘记了怎么样去提升自己。

这样的人往往压力很大，很少有轻松的时候，心里只盯着第一、追求完美，即便第二第三都觉得是一种失败，很少考虑实际情况，不讲过程、只要结果。盲目攀比是知行的绊脚石。

六是要克服惰性。一个人如果惰性太大，就容易懒惰、懒散、懒慢，难免偷懒耍滑、意慵心懒、懒不自惜。做事拖拖拉拉，遇事总有借口。不到跟前不起身，到了跟前还磨蹭。

这样的人往往贪图安逸、撞钟过日，做事犹犹豫豫、勉勉强强，还牢骚满腹、怨这怨那，习惯走老路子，喜欢用老

人生完整性思想

办法，经常半途而废、中途变卦。惰性是知行的拦路虎。

七是不能心存侥幸。 一个人如果心存侥幸，就容易有奢望、奢求、奢想，难免会企求不劳而获、意外而得、馅饼会从天上掉下来。好事常来临，坏事不及身，把希望寄托在运气上。

这样的人往往贪图省力省心、省事省钱，为人不精不勤、不拼不搏，做事没有耐心、缺乏毅力，常常合着双手、闭着双眼，总想守株待兔、歪打正着。侥幸是知行的魔鬼。

八是不要太健忘。 一个人如果太健忘，就容易忧心、堵心、揪心，难免会心不在焉、没心没肺、心劳计绌。同样的错误常犯，一样的事情常忘。好了伤疤忘了疼，穿着新鞋走老路。

这样的人往往提笔忘字、说东忘西，有时随心所欲、粗枝大叶，脑子里都是头绪，手头上都是事情，什么都是重点，哪里都是关键，唯独忘了自己是谁。健忘是知行的情敌。

九是不要过于依赖。 一个人如果过于依赖，就容易失去独立、进取和责任，难免会随波逐流、胸无大志、争功诿过。路在前面不是路，人在人前不是人，自己的主还得要由别人来代作。

3. 问题基因密码

这样的人往往缺乏自信，没有判断力，为人保守、做事盲从，思想上没有主见，行动上缺乏主动，更有甚者的是一副奴才身、满脸谄媚样，总觉得自己矮人半截。依赖是知行的陷阱。

人性的弱点不灭，知行的问题难除。但是，人性的问题是最难灭除的，它与生俱来、人在它在。从古到今，还没有发现有人性完美的人，奢求人性的完美本身就是弱智的问题。

然而，人性的弱点终究是人们自身的问题，总是可以通过引导和约束加以管控的。知行的问题就要从这里去刨根问底，在这里首先解决，也许好多问题就会迎刃而解了。

人性问题也并非一定无解，自己的问题要自己解决，解决自己的问题要靠自己。在我、境和完整性是克服人性弱点的密钥，而修炼是打造这把密钥的不二之法。

问题总是常在的，人性弱点也是常有的。一定要做好与之打持久战的准备。

你准备好了吗？

4. 站在问题之上

有用的人总和问题相印证。

没有问题不叫人生，问题是人生难得的机遇。

为什么有的人在问题面前退却了？

为什么有的人在问题面前败阵了？

为什么有的人在问题面前倒下了？

这些都是不会利用问题所致。**问题往往是知行的最好角度**，抓住问题就抓住了机遇，失去了问题就失去了机会。从某种意义上讲，问题就是人生。

然而，问题并不都是浅显易见的，有些问题往往还隐藏得很深。问题还是一个多面体，不会只有好坏两种情况，经常还有很多其他的面目，有时看起来还根本不觉得是个问题。

问题往往还都是负面的，只有利用好它们，负面才能变为正面，阻力才能化为助力。但即便是正面的东西，如果利用得不好，也有可能变为负面的，成为知行的阻力。

4. 站在问题之上

有些问题往往还很顽固,一般不会轻易地缴械投降。问题的阻力往往还非常具有韧性,它不会轻易地拜服认输。克服问题的阻力,至少需要几倍的正力才能反转过来。

产生问题的原因是多方面的,往往不会只有一两个线索,它们和许多要素都有牵连,和问题之外的一些东西还有关联,需要多角度考虑、术道境并用,打好组合拳、连环拳。

问题是知行留给自己的命题,如果简单机械地对待它,就难免会深陷问题而不能自拔,甚至还会成为问题的奴隶。必须站在问题之上,让问题臣服在自己的脚下。

站在问题之上,就是要高于问题、俯视问题,把问题踩在脚下,掌握问题的主动权,牵着问题的鼻子走,不被问题蒙蔽,不为问题所困扰,由自己左右问题。

站在问题之上要有境。一个人如果境不高,心境、语境、场境都会连锁下滑,人性的弱点也会诱发出来,心理、气势、精神就会处于下风,问题就会变得越来越糟糕。问题之境在于以下方面。

一是胸怀问题。辩证而放远地去看问题,问题其实就是事业成就、思想道路和财富力量,解决问题就是一个人的应

人生完整性思想

尽责任和理想追求，有着这样的胸怀才是博大的。

对待问题要心思坦荡，视问题为良师益友，心里容得下问题，眼里看得见问题，知行用得着问题，把问题放在心上，让问题陪伴左右，在问题的勉励下努力前进。

二是我为问题。从某种意义上讲，问题就是自己的存在价值、知行的标志意义、人生的未来希望。人为问题而生，也为问题而活。人活在问题中，就是活在了希望里。

对待问题要咬定青山，视问题为圣者明灯，心里敬畏问题，眼里尊重问题，知行依靠问题，把问题放在顶层，让问题照亮自己，在问题的指引下到达人生的彼岸。

三是问题为我。问题常常使人们身处逆境、面临考验，它不仅能锤炼人的意志、磨炼人的毅力，还能在解决问题中提高能力、蜕变升华。有了问题，人生才有可能更上一层楼。

对待问题要开门迎客，视问题为左膀右臂，心里喜迎问题，眼里恭迎问题，知行借助问题，把问题放在身边，让问题为我所有、为我所用、为我服务，助力自己实现人生的跨越。

4. 站在问题之上

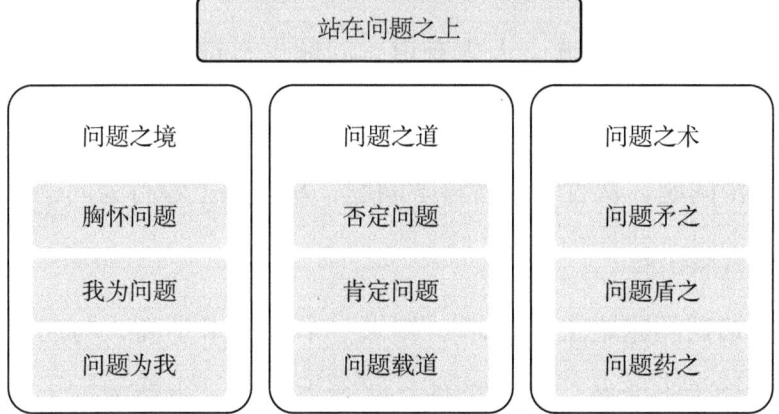

图3-4 站在问题之上

站在问题之上要有道。一个人如果不遵从客观规律，逆潮流而行、悖常理而动，就会走向真理的反面，偏离正确的轨道，问题就会变得越来越严重。问题之道在于以下方面。

一是否定问题。要常持怀疑态度，常有批判精神，常行革命之举，对问题刨根问底、不留情面。要把自己当成问题的审判官，唯道而尊、唯问题是问，把住大问题、管住小问题。

二是肯定问题。一阴一阳谓之道，问题背后是阳光。不要把问题一棍子打死，也不要把问题打入冷宫，而是要把自己当成一个布道者，沿道而行、遵道而为，让问题成为知行

人生完整性思想

的归宿、人生的福音。

三是问题载道。人生有道,问题也有道。遵问题自身之道,从问题解决之道,问题就不会偏离轨道。要善于从政治上看经济问题,从哲学上看科学问题,从思想上看行为问题,道也就自然相通了。

站在问题之上要有术。如果一个人的术不高,与问题不匹配,志大才疏、眼高手低,既拿不起来,也放不下去,问题就会变得越来越麻烦。问题之术在于以下方面。

一是问题矛之。要把问题当成人生的大课堂,以问题为师,向问题请教,在问题中找问题,在问题中学知识,在问题中长本领,问题就会成为自己的锋利长矛。

二是问题盾之。要把问题当成人生的大炼炉,以问题为友,与问题为伍,受得了问题的磨难,扛得住问题的打击,经得起问题的考验,问题就会成为自己的坚强盾牌。

三是问题药之。要把问题当成治病的良药,敏于发现问题,善于制造问题,以问题攻问题,以问题治问题,把问题消灭在问题中,问题就会成为自己的苦口良药。

知行有高低,人生分伯仲。术、道、境在面对问题时各有所司,三者互为犄角、相互提携、彼此助力,都是知行的

4. 站在问题之上

基础和人生的支撑。站在问题之上，术道境缺一不可、短一不行。

人生重要的是蓝图加实践。要重视日常的每一次实践，坚持认识和实践并重，修炼和实战并行。知行既不能教条，也不能片面，必须与问题相证、与认识相向、与实践相合，人生才能一加一大于二。

对待问题要平时警觉、来时兴奋，平时常训、来时能战。尤其要注意阻力训练，就像腿上绑着沙袋跑步那样，给自己出问题，让自己有问题，**用问题训练自己**。

一样的大米养百样的人，同样的问题育千万个人。

站在问题之上，让自己成为一名佼佼者。

5. 自己左右问题

问题和人生一路同行。

人们天天都要和问题打交道,难免会被问题左右。

但人生毕竟是自己的,只有自己左右问题,才能自己左右人生。

为什么有些人总会为问题所累?

为什么有些人总会为问题所困?

为什么有些人总会被问题牵着鼻子走?

从某种意义上讲,都是因为自己被问题做了主,自己成了问题附庸的缘故。

自己是人生的主人,人生走得怎么样全在于自己。千万不要指望问题会对你负责、问题能替你做主,最后负责的只能是自己。问题和人是矛盾的统一体,**你不主动、就会被动。**

问题是一个非常自我还很专横的东西,它从不主动和你商量,也不会主动与你合作,使绊子、挖个坑是它的强项,看热闹、嘲笑人是它的特色。**你不左右它,它就左右你。**

5. 自己左右问题

问题有时很像一匹桀骜不驯的野马，既不听话，也不安分，还很暴躁，动不动就尥蹶子，时不时还要使性子，它可不会管你究竟是谁。**你镇得住它，它才能臣服你。**

这些都是问题的天性使然，注定了它决不会乖乖地听从人们的摆布，注定了它与人们那种爱恨纠结的不舍情怀。而且，要想真正做得了问题的主，还必须充分了解问题的那些固有属性。

问题是人生的管理对象。人生每前进一步，都是踏着问题去实现的。管不好问题，就走不好人生。问题必须进入自己的视野，参与自己的知行活动，在自己的严格管理下去发挥它的作用。

问题是知行的普遍现象。问题常常是摁下葫芦起来瓢，往往还会旧的未去、新的又来。哪个要素都会有问题，哪个地方都可能出问题，普遍存在、经常现象是问题的基本特征。

问题是人生的状态标志。问题既是概念层面的，也是具体层面的。它蕴藏在人生的每一个过程中，遍布于人生的每一个角落里，与人生的质量密切相关，是人生状态的标志性要素。

人生完整性思想

自己左右问题			
问题天性	固有属性	问题处理者	更高价值
不负责任	管理对象	问题专家	出思想
自我专横	普遍现象	问题管家	出机会
桀骜不驯	状态标志	问题藏家	出创造

图3-5 自己左右问题

智者不愁问题，愚者常会幽怨。愁也罢、怨也罢，问题总是要面对的。问题处理得不好，它就要做你的主，还会乱做你的主。要主动去做问题的主，做好问题的主，**做一个优秀的问题处理者**。

问题往往是自己的对手，与问题较量必须打起精神。不仅要知彼，还要知己；不仅要有实力，还要有战斗力，关键时候才不会掉链子。要做一个**问题处理的专家**，解决好自己的问题。

问题往往是自己的筹码，有了它就知道自己有什么、缺什么、为什么。要经常去规划它、监控它、利用它，自己才有资本、底气和砝码。要做一个**问题处理的管家**，打理好自

5. 自己左右问题

己的问题。

问题往往还是自己的财富，它是自己过去的积累、现在的果实和未来的伏笔，是自己的经验、教训和艺术品，时刻准备着为自己服务。要做一个**问题处理的藏家**，保管好自己的问题。

然而，问题往往不会局限于某一时、某一地，也不会局限于某一人、某一事，问题的多样性决定了处理问题的多样性。要多学多思、广学广思、勤学勤思，成为一个处理问题的多面手。

要善于洞察问题的本质，抓住问题的关键，击中问题的要害，从根上去解决问题。观察问题要敢想、处理问题要敢为，不做虚功、不图表象，成为一个处理问题的高手。

其实，问题那里还有很多有价值的东西，处理问题不能仅仅停留在发现问题、分析问题和解决问题的基本层面上，还要在更高级层面上去做问题的主，从问题中分离分馏出更珍贵的东西。

一是要从问题中出思想。对问题的认识是最深刻的认识，对问题的实践是最高的实践。要从问题中反思，在问题中探索，把问题性上升为思想性，把方法论上升到认识论，

人生完整性思想

做一个有脑子的思想者。

二是要从问题中出机会。机会往往需要发现，但更需要制造。问题往往就是难得的机会，有时还是千载难逢的机会。既要善于从问题中发现机会，又要善于利用问题去制造机会，做一个有心的机会者。

三是要从问题中出创造。伟大的创造来自伟大的想象，而问题往往让人有很大的想象空间。要敢于想象、富有想象，坚定地从问题中找瓶颈，在问题上找突破，做一个勇敢的创造者。

然而，问题总是没完没了，人生却要有一些休止符。而完整也不是完美，人生总有一个知行的最佳边界。要学会把问题留下来，好让未来有一个崭新的开端。

问题也不是人生的全部，完整也不是知行的唯一。俗话说，"满则损，盈则亏"，对待问题也不要把弓拉得太满，总得给别人留点空间，给自己留点余地，**完整留白才是问题艺术的最高境界。**

问题也不会那么顺从人意，面对问题一定不要拧着蛮干。要熟悉问题的秉性，了解问题的习性，经常理一理问题，习惯换一下方式，不要和问题生气，但一定要有生气。

5. 自己左右问题

  压垮自己的最后一根稻草，往往是自己没能挺过去的最后一步。一步虽小，胜过万里。但谁也没试过自己的极限抗压能力到底有多大，所以还能活着。只要活着，问题绝不会是压垮自己的最后一根稻草。

  以成败论英雄目光短浅，以问题为基础才能长久。 成败是一时的，除非人没了。问题是长久的，只要人长久。给自己来点微笑，成又如何、败又何妨，问题总会有办法的。

  问题能给人们带来一切，但必须做它的主、做好它的主，一切才会更加美好起来。

  你能做问题的主吗？

四、我是谁

1. 我要什么

每个人都有许多不一样的我。

定义我是谁，是人生最难的一件事情。

为什么有的人到老了还不明白一些问题？

为什么有的人到老了还没弄懂一些道理？

为什么有的人到老了还看不透一些事情？

其实，这些问题的根源就在于有的人不知道自己是谁。自己是谁都不知道，其他的事情知道了又怎么样。自己是谁都不知道，知行就会没有主意，人生就不知道为了谁。

定义自己就是要知道我是谁，这是人的天性。人们总会自觉不自觉地去定义自己，好给自己的言行找一个恰当的理由，给自己的天性找一个归宿，让自己的心有一片安静的天。

人生完整性思想

定义自己是自己的命题，谁也代替不了自己，谁也不可能完全了解自己。即使别人替自己做了主，最终还是在于自己怎么去知行。我的人生我做主，**定义自己是自己的事**。

其实，人们也并非完全不知道自己是谁，只不过把自己看得有点简单罢了。圆球看起来就非常简单，它既没有起点，也没有终点，从什么角度看都一样，而人与它正好相反。

人的复杂程度是难以想象的。在15个知行要素及其众多因素的作用下，每个人的知行数据都是海量的，要精确定义自己几乎是一件不可能的事情。幸好定义自己不是数学命题，并不需要精确计算。

然而，人生是多面的，也是多变的，如果离开了知行就没有了意义，离开了完整性就失去了价值。定义自己还是要从这里出发，但必须化繁为简，抓住人生的精要，寥寥数笔就勾勒出一个人的神形来。

从知行角度出发，从完整性角度分析，要定义自己是谁，就必须首先回答我要什么。知道了自己要什么，就知道了自己为什么，一切知行都将围绕它展开推进。我要什么是人生坐标系的**第一个坐标**。

1. 我要什么

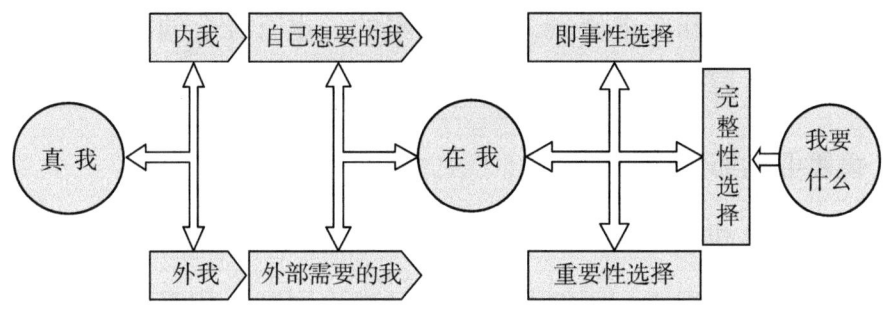

图4-1 我要什么

人生的一半在里面，另一半在外面。里面的一半是自己，外面一半是环境。人是环境的人，不能脱离环境而存在，必须适应环境才能生存，两个一半是不可分割的。

人为自己的一半而活，也为另一半而活。为自己而活是自我的需要，为另一半而活是适应环境的需要。为另一半活好了，自己的一半才能活得更好。我既属于自己的一半，也属于外面的另一半。

为自己而活，就必须知道自己要什么，它们是自己的知行目标和人生理想，既有物质的，也有精神的；既有现在的，也有未来的，都是自己的内在诉求和追求，**是自己内心想要的那个我，即内我。**

为另一半而活，就必须知道另一半要什么，它们是环境

人生完整性思想

的现实目标和未来愿景，既有国家的，也有社会的；既有家庭的，也有单位的，都会对自己提出要求和希望，**是外部环境需要的那个我，即外我。**

内我和外我是我的一个整体两个方面，它们既彼此独立，又紧密相连；既彼此各异，又殊途同归，相互作用、相互影响，处于人生的顶端、知行的高层。它们要什么，我就要什么。

内我和外我是矛盾的统一体，他们一个主内、一个主外，一个为自己、一个为环境，需要不断调和矛盾、调整立场，以形成统一的认识并求得一致的行为。**两个我合一才是真我。**

然而，要正确地表达我要什么并非易事，也绝非名实相符那么单纯。内我是善变的，外我是常变的，我也是一个动态的我。他们变了，我必须跟着重新定义，我要什么也必重新做出在我的选择。

在我选择不能天马行空，而是要**遵从即事性原则**。人生在事情中，知行在环境中。事情变了，我也要变，环境变了，我也要变，我要什么必须在商言商、就事论事，与实际情况相对应。

1. 我要什么

即事性选择是一种阶段性选择,要从具体的事情出发,以所处的环境为依据,按照一定时期内自己的人生追求,在内我和外我两个方面对我要什么作出相应的选择,是我要什么的基础概念。

在我选择不能眉毛胡子一把抓,而是要**遵从重要性原则**。人生由重要性驱动,知行由事实性指引。重要性变了,我也要变,事实性变了,我也要变,我要什么必须此一时彼一时,与实际发展相适应。

重要性选择是一种方向性选择,要从知行的事实出发,以重要性为依据,按照自己的观念、立场和兴趣,在内我和外我两个方面对我要什么作出理智并具体的选择,是我要什么的中心概念。

在我选择不能以偏概全,而是要**遵从完整性原则**。知行也罢、人生也罢,完整了才看得清楚,我要什么才有确定的范围,在我选择才不会模糊不定。我要什么必须力求完整,在完整中作出在我选择。

完整性选择是一种确定性选择,要从知行的整体出发,以即事性选择和重要性选择为依据,按照平衡、辩证和完整的要求,在内我和外我两个方面对我要什么作出综合的选

人生完整性思想

择，是我要什么的集成概念。

即事性选择、重要性选择和完整性选择是定义我要什么的三种方法、三个过程，是对自己的心灵拷问，忽略了这点，我就难以为真我，知行就难免会张冠李戴、轻重不分或者一孔之见。

定义自己其实是给自己定性定调，最终还是要到现实中去检验。调子千万不要起得太高，嗓门千万不要喊得太响，要恰到好处、恰如其分，**恰当了才最好**。

定义自己其实是给自己画圈画像，最终还是要到现实中去展现。千万不要过于涂脂抹粉、装模作样，而是要实实在在、名实相称，**实诚了才最好**。

定义自己其实是给自己量身称重，最终还是要到现实中去摔打。千万不要忘了自己有几把尺子、有几斤几两，而是要坚持学习、勤于思考、不断实践，**永远有规律地活着**。

定义自己是人生的在我运动，知行过程的接力赛，自己和自己交接，自己为自己呐喊，看起来很复杂，其实也很简单，完全在于一个我字。

定义自己不是一次性作业，还需要**经常地自我确认**，尤其遇到重大变化或重大问题时，就必须重新定义自己，才能

1. 我要什么

认清自己、看清世界,才能做好准备、整装待发。

正所谓,万里山河处处景,风光只待有心人。

你要什么?

2. 我有什么

一个人的力量再大也是有限的。

而有的人看上去力量不大，实际上能量却大得惊人。

为什么有的人遇到困难就退缩了？

为什么有的人遇到危险就害怕了？

为什么有的人遇到问题就掉链子了？

这种现象有些是人的能力水平问题，有些是人的思想境界问题，有些是人的临场发挥问题，但它们都和自己的修炼有关，是一个人术、道、境三者综合起来的问题。

术重在方法，道重在规矩，境重在感验，它们是一个人不可或缺的能力，在知行过程中三足鼎立，为自己的人生铺路架桥，共同支撑起自己这座人生的大厦。

在人生这座大厦里，术是基底、道是基石、境是柱梁。一个人的术、道、境怎么样，自己的人生大厦就怎么样。人生这座大厦是自己的百年基业，是自己的一生修炼所建立起来的。

2. 我有什么

　　术、道、境也并非一成不变，彼此间也并没有非常严格的界限，它们在知行的过程中相互影响、相互转化，实现由低级向高级的不断进化，人生也因此不断地被重新定义。

　　就知行过程而言，实力就是资本、就是王者。自己有什么资本能拿得出来，而且还能拿得出手，出手还能过得硬，这才是问题的要害。**你有什么，你才能是什么。**

　　一个人的资本是什么？理解它的角度有很多，比如财富、能力、思想、脑子、关系、学历……各人各异，但无论从什么角度看，最终都要反映到术、道、境三个方面。

　　人人都有自己的术、道、境，只不过彼此高低不同罢了。而高低不同，知行也就千差万别，有时差之毫厘、失之千里。你有什么，有术、道、境最为重要。我有什么是人生坐标系的**第二个坐标**。

人生完整性思想

```
                    我有什么

  ┌─────────────┐  ┌─────────────┐  ┌─────────────┐
  │   立足之术   │  │   立命之道   │  │   立心之境   │
  │             │  │             │  │             │
  │  术立在精上  │  │  道立在深上  │  │  境立在简上  │
  │             │  │             │  │             │
  │  术立在道上  │  │  道立在实上  │  │  境立在一上  │
  │             │  │             │  │             │
  │  术立在境上  │  │  道立在虚上  │  │  境立在二上  │
  └─────────────┘  └─────────────┘  └─────────────┘
```

图4-2　我有什么

须要有术。无论是技艺还是方法，术都是人生的吃饭家伙，知行的常规之用，"我有什么"的必备技能。有了它就能行遍天下，没有它生存都是一个大问题。术是一个人的立足之本。

术立在精上。一个人术不精，终究骗不了人，还会害人害己。术不在多少，但一定要求精，否则，就会像没有几把刷子的南郭先生，丢了饭碗事小，误了终身事大。我有什么，指的就是精之术。

术立在道上。任何没有道的术都是雕虫小技，登不了大

2. 我有什么

雅之堂，只有建立在道上的术，才能高深莫测。术要在道上去修行，"我有什么"就要从这里去积累，术才能精而又深。

术立在境上。一个人境存高远，术就会如虎添翼，人生就会如鱼得水，知行就会如汤化雪，一分的力量就有可能发挥出十分的效力。术要在境中去修炼，"我有什么"要从这里去探寻，术才能精而又绝。

须要有道。无论是道理、规律或者道德，道都是人生的伴驾护卫，知行的必有辎重，"我有什么"的倚重肱骨。有了它才能行稳天下，没有它随时都可能触礁沉船。道是一个人的立命之本。

道立在深上。一个人道不深，迟早要摔跟头，甚至还会落得身败名裂。道不在大小，但一定要求深，否则，就会像纸上谈兵的赵括，打了败仗事小，误了国家事大。我有什么，指的就是深之道。

道立在实上。道实必正，正才致远。只有正道才是王道，旁门左道再怎么霸道也不是长久之计。道要在实上去追求，"我有什么"要在这里去落脚，道才能深而又厚。

道立在虚上。道在于求实，也在于务虚，有虚有实谓之道。在知行过程中，必有自己的所思所悟，定有自己的一些

人生完整性思想

道道。道要在虚中去感悟，"我有什么"要从这里去凝练，道才能深而又高。

须要有境。无论是心境、场境或者境界，境都是人生的心路明灯，知行的推进动力，"我有什么"的最好心物。有了它才能善行天下，没有它犹如迷途的羔羊。境是一个人的立心之本。

境立在简上。一个人境不简，就会这山望着那山高，轻者半途而废，重者失性变节。境不在于精深，但一定要求简，简才能专心致志、坚如磐石，才会有文天祥"留取丹心照汗青"那样的气节。

境立在一上。境由心造，人因境成。境是人生的统领，一个人有什么样的追求就会有什么样的境，知行总会在境中统一，人生终要在境上归一，人生有境而生一。

境立在二上。心有境则明，人有境则亮。境是一个人的高举之旗，一个人有什么样的境就会有什么样的追求，境在知行中化己，也在知行中化众，人生有境而生二。

境和知行比翼双飞，人生和境连理连枝。人从境中来，再到境里去，知行就会在境中蓬勃，人生就会在境中茁壮。**人生有境，境生一，一生二，二生万象。**

2. 我有什么

世人皆可为尧舜，点点滴滴术道境。**术求精、道求深、境求简**，全在点点滴滴中，没有奔腾江河。水能跨越万水千山，凡人一样可以成就伟业，点点滴滴才是人间的万象。

内容决定形式在于基本面，形式决定内容在于个性化。我有什么只是形式而已，只有在术、道、境上修炼出属于自己的东西，我才能有别于他人，我有什么才能立起来。

睁着眼睛能看得见别人，却往往看不清自己。人们也常常不知道自己究竟是谁，自己究竟有什么，难免会盲人摸象，自然会耳聋听雷。心里黑才叫灯下黑，我有什么，一定要让自己的心先敞亮起来。

自古才俊多遗恨，莫怨花下无水土。一个人的术、道、境无论修炼得怎么样，都要与环境相融、与时代合拍、与知行相宜，英雄才能有用武之地。千万不要去怪水土不好，一定是自己还不服水土。

一个人的力之所及，往往就是自己的人生之所高。

正所谓，人行天下路不平，全在自己术道境。

你有什么？

3. 我会什么

人们每天都会经历许多的十字路口。

人们也总会以自己的方式做出在我的选择。

为什么一样的道路会有不同的走法？

为什么一样的事情会有不同的做法？

为什么一样的问题会有不同的看法？

看起来这些都是选择问题，其实是一个人的判断问题。判断不同，选择就会不一样，怎么样去判断才是问题的症结所在。

而且，一个人无论要什么、有什么、干什么、在哪里，实际上都有很多的资源条件可以利用。怎么样去用好这些资源条件，发挥它们的最大价值，才是判断和选择的核心所在。

选择在判断中抬脚，知行在选择中迈步。一个人如何抬脚迈步，往往受自己的思维控制，由自己的角度决定，和自己沟通密切相关。判断和选择在本质上是一个人的思维、角

3. 我会什么

度和沟通的问题。

事实上，思维、角度和沟通的方法途径往往有很多，对知行的判断和选择也不会唯一，知行的多样性、人生的曲折性也就自然而必然了。选择和判断是知行的一道难题。

然而，事情总在变，人也总会变，思维、角度和沟通也必须围绕变化做出相应的调整，判断和选择才有积极的现实意义。这种应变能力，实际上是一个人的**知行代谢能力**。

事情总会出问题，人生也总会有问题，思维、角度和沟通也必须围绕问题做出相应的对策，判断和选择才有真正的现实意义。这种解决问题的能力，实际上是一个人的**知行自愈能力**。

凡事想得多一点，知行才有更多的选择空间。会不会思维、会不会选角度、会不会沟通，直接影响到知行的成败，是一个人基础能力的重要标志。我会什么是人生坐标系的**第三个坐标**。

人生完整性思想

```
                    我会什么

  ┌─────────────┐  ┌─────────────┐  ┌─────────────┐
  │   思维第一   │  │   角度无二   │  │   沟通无缺   │
  │             │  │             │  │             │
  │   思维多样   │  │   角度塑造   │  │   沟通平衡   │
  │             │  │             │  │             │
  │   思维运动   │  │   角度变换   │  │   沟通等量   │
  │             │  │             │  │             │
  │   思维归位   │  │   角度配位   │  │   沟通协调   │
  └─────────────┘  └─────────────┘  └─────────────┘
```

图4-3　我会什么

就知行过程而言，知要二、行要一。要学会用不同的思维去分析，从不同的角度去思考，以不同的方式去沟通，知才能又多、又全、又好，行才能统一、简单、明了。我会什么，我要三堂会审。

一要会思维。世上无难事，就怕不思维。知行的每一步都由思维支配，都会沿着思维的方向去知行。思维怎么样，知行就怎么样。思维出了问题，知行就会出问题。我会什么，思维第一。

思维在于多样。思维选择是知行的最初选择，一开始就

3. 我会什么

要优中选优。思维方式很多，选择余地很大，千万不要脑子只有一根筋。思维方式多样，思维过程也要多样，千万不要一条胡同走到黑。

思维在于运动。思维是脑子的逻辑运动，判断和选择在脑子里连贯而行。思维断路了，脑子就空白了。思维短路了，脑子就进水了。知行不停、思维不止，千万不要像夜游者那样没头没脑。

思维在于归位。思维可以跳跃，但不能跳档。思维要跟得上知行的节奏，配得上知行的节拍，符合知行的逻辑，主导知行的过程，回归到思维的本位，千万不要天马行空独来独往。

二要会角度。世上无难事，就怕没角度。没有角度，抬起的脚就不知该落哪里，迈出的步就不知该向何方。知行的每一步都需要一个恰当的角度，都要从角度开始。我会什么，角度无二。

角度在于塑造。角度无处不在，一切都可以成为角度。角度就摆在那里，它好比一座丰富的玉矿，就看你怎么去挖掘、怎么去雕琢。要把角度塑造成精品，让人生不断闪耀着艺术的光芒。

人生完整性思想

角度在于变换。多个角度多条路，变个角度变个人。人是活的，角度也不是死的，要从有利于知行出发，变换不同的角度，去找更好的角度，千万不要像吃了秤砣那样死心眼。

角度在于配位。角度可以任意，但不能随意。角度必须和思维活动相对应，和知行过程相适应，和知行目标相呼应，好好把脉、对症下药，千万不能像庸医那样胡看乱开。

三要会沟通。世上无难事，就怕不沟通。没有沟通，知行的过程就会布满荆棘，人生的努力可能沉沙折戟。知行的每一步都需要沟通，知行的好坏关键在于沟通。我会什么，沟通无缺。

沟通在于平衡。平衡才能稳定，沟通的过程才能往前推进。要以和为贵、和而不同、求同存异，千万不要钻牛角尖，也不要一点亏都不吃，更不要揪住对方的辫子不放。

沟通在于等量。等量才能对等，沟通的事情才能谈得下去。要放下身段、彼此走近、平等相处，千万不要得理不让人，也不要弯不下自己的腰，更不要觉得自己高人一等。

沟通在于协调。协调才有互动，沟通的目标才能得以实现。有事多聊聊、没事常走走、凡事好商量，千万不要绕花花肠子，也不要耍小聪明，更不要心不在焉、自以为是。

3. 我会什么

　　世界上没有绝对的对错，全在于自己的选择。世界上也没有绝对的好坏，适合自己的就好。每个人都有自己的实际情况，要少用自己的眼光看别人，多用自己的眼光看自己。

　　思维、角度和沟通都是自己脑子里的东西，往往你中有我、我中有你，彼此掰不开、揉不碎。它们都是为了知行一件事，都是为了人生一个目标，千万不要把它们硬生生地拆开来。

　　思维、角度和沟通都是自己输不起的事情。在知行的过程中，需要它们冲锋陷阵，需要它们去啃硬骨头，哪一个出了问题都与自己生死攸关，小心才能驶得万年船。

　　然而，人毕竟是人，选择毕竟是选择，思维、角度和沟通不会千篇一律，也没有标准器可供参考。选择、选择、再选择……选择的锤子不要落得太快，知行的价码也许会更高。

　　正所谓，东南西北中，会者路路通。

　　你会什么？

4. 我干什么

人和事是分不开的。

一件事情就有一个我,有时还有好几个我。

为什么有的人总是雷厉风行?

为什么有的人总爱瞻前顾后?

为什么有的人总会絮絮叨叨?

乍看起来这些现象与许多因素都相关,但从另一个角度看,它们都与一个人的风格有关。风格不同,知行就大不一样。定义自己,还要看自己在干什么事,尤其要看自己的办事风格。

人活着一直都会有事,没事其实也是一种事。有了事,一个人的心才会充实,身才会踏实,知行才有意义。知行是事里的知行,定义自己必须知道自己在干什么。

人活着一直都在做事。做了事,一个人的心才有所属,身才有所依,人生才有价值。人生是事里的人生,定义自己必须清楚自己在干什么。

4. 我干什么

事是知行的载体、人生的通道。知行的所有要素都与事相连，人生的所有环节都与事相关。一个人追求什么都要通过事去追求，人生的修炼也都要在事上去下功夫。**无事无行，有事有人生。**

事和变化同步，与问题并行。沿着变化发展、踏着问题前进，就一定要有行动，一定要在想事干事中去实现，否则，只能雾里看花、梦里人生。我干什么是人生坐标系的**第四个坐标**。

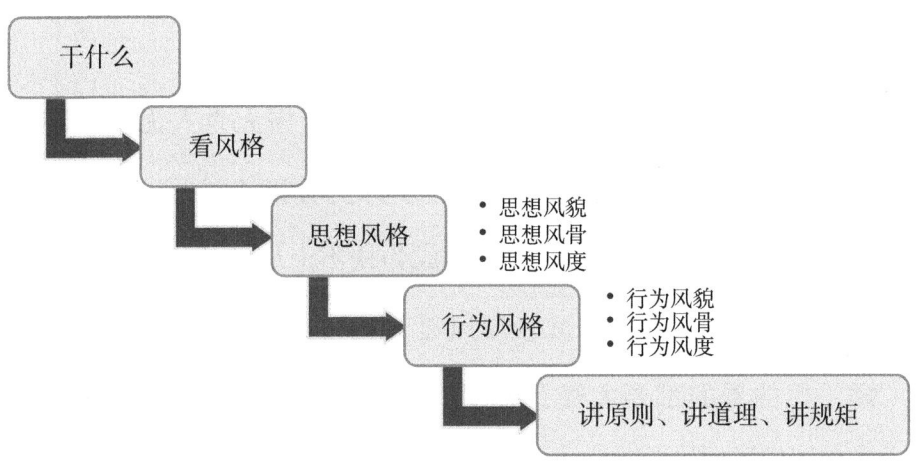

图4-4 我干什么

人生完整性思想

事和事不一样,人和人不相同。要区分人和人之间的差别往往有很多角度,但从干什么的角度看,作风、习气、偏好……是一个人独特于其他人的品格习惯。**干事看表现,看人看风格。**

首先要看思想风格。人没有思想就没有灵魂,思想没有风格就会流于平庸。思想风格是一个人的核心标签,知行的风向标,人生的方向盘。我干什么,要看干事的思想风格。

一看思想风貌。思想不正则心歪,风格不正则人斜。想的看的都要正面的、不要负面的,都要积极的、不要消极的,都要阳光的、不要阴暗的,充满正气才能春风扑面,歪风也就无处可藏。

二看思想风骨。思想无骨心无主,风格无骨人无筋。想的看的都要有自己的鲜明个性、分明立场和贤明见识,经得起风霜、耐得住烈火,千万不要成为扶不上墙的烂泥。

三看思想风度。思想没风度则心小,风格没风度则人矮。想的看的都要大气、大度、大我,把自己的心放大点、放高点、放远点,千万不要人虽壮实如牛,心却小似针眼。

其次要看行为风格。人无行为皆成空,行无风格人相同。行为风格是一个人的特别名号,知行的特色做派,人生

4. 我干什么

的特写素描。我干什么，要看干事的行为风格：

一看行为风貌。行为不实则事飘，风格不实则人轻。说的做的都要诚实的、不要虚伪的，都要实际的、不要虚浮的，都要真实的、不要虚假的，知行才能走得踏实，人生才能走得坚实。

二看行为风骨。行为无骨事没准，风格无骨人不硬。说的做的都要有自己的坚决态度、坚定意志和坚强毅力，自尊而不为内所乱，自信而不为外所惑，千万不要成为扶不起的阿斗。

三看行为风度。行为没有风度则误事，风格没有风度则误人。说的做的都要多为人、多为事、少为我，把自己的名利放小点、放低点、放开点，人生哪能皆如意，委屈一点又何妨。

事情总是干不完的，一件接着一件而来。人之风格也不能裹足不前，而是要破除僵化一存，在知行的过程中不断积累完善，逐渐形成自己特有而稳定的行为方式和行动特色。

事情总是千差万别的，什么情况都有可能发生。人之风格也不能守一而终，而是要破除教条一论，在知行的过程中不断创新出新，逐渐形成自己独特而标榜的风格系列。

人生完整性思想

　　事情总是有讲究的，不然就成不了方圆。干什么都要讲风格，都需要讲究一点。只有讲究了，事情才不会出格，知行才能着调，人生才能地道，否则，就会顾此失彼、首尾两端。

　　讲风格还须讲原则。一个人如果不坚持原则，就会变得愚蠢、无知和贪婪，就会失去正常的判断力，讲风格就会成为拿原则做交易的借口，而自己却成了别人的俘虏。

　　讲风格还须讲道理。一个人如果不遵从道理，就会变得自私、鲁莽和蛮干，就会失去基本的执行力，讲风格就会成为我行我素的挡箭牌，没准还会输个精光，却连翻本的机会都没有。

　　讲风格还须讲规矩。一个人如果不遵守规矩，就会变得胆大、妄为和危险，就会失去应有的定力，讲风格就会成为唯利是图的假面具，纵然机关算尽很聪明，迟早也会反误了卿卿性命。

　　事实上，一个人既是思想者，也是行为者，还是目标者，是思想、行为和目标的结合体，干什么都要依律而动、依序而行。俗话说事在人为，但关键在于自己怎么为。

　　事无定事，任何事情都会变化，人无完人，任何人都会有问题，但决不能因此畏而不为。重要的是行动起来，行动

4. 我干什么

起来就是在知在行，在通往目标的路上。

事情往往就摆在那里，而人们难免看得不完整、想得不完整、做得不完整。因为不完整，所以才要完整。问题要想得复杂一点，知行就会更加完整一点。

人不能死在吐沫里，事不能毁在口水中。任何事情都要辩证地看，别人说好说坏都不是自己关注的焦点，而自己干的是否有价值、有意义，才是最重要的。

形式往往在于表达，内容在表达中升华。我干什么只是形式而已，只有在思想、行为和目标的完整表达中，我才能得到升华、是谁才能有明确的定论。

正所谓，人生举头有明月，知行低头在事中。

你在干什么？

5. 我在哪里

人和环境是连体的。

任何人都依附于环境而存在,都会受环境的左右。

为什么有的人会被边缘化?

为什么有的人会迷失在半路上?

为什么有的人会与大家格格不入?

这些现象看起来是一个人的性格、脾气或者人品的问题,实质上是人与环境之间的问题,是有些人并不知道自己究竟在哪里的缘故。

自己在哪里都不知道,怎么能分得清东南西北。自己在哪里都不知道,怎么知道自己要从哪里出发,又怎么知道路在何方。定义自己,就要知道自己在哪里。

每个人都生在环境里、长在环境中,没有环境就没有生存的空间,失去环境就失去了成长的地方。人生是环境里的人生,环境是人生的舞台。我在哪里,就在人生的环境里。

每个人都知在环境里、行在环境中,没有环境就没有知

5. 我在哪里

行的场所，失去环境就失去了知行的场地。知行是环境里的知行，环境是知行的平台。我在哪里，就在知行的环境里。

每个人都在环境中度过一生，在那里奋斗，在那里筑梦。然而，人生很丰满、环境很骨感。环境造就人生，环境也会造化弄人。所谓**适者生存、融者天成**。人是环境的产物，我是活在环境里的人。

千百年来人人都在说环境，环境就从来没有完全一样过。环境常常斗转星移，知行往往人物皆非，一个人不会永远停留在某个环境而不变。环境变了，一切都会变，我是随着环境而变的人。

知行脱离环境终将一事无成，人生背离环境定将四大皆空。环境既能载舟，也能覆舟。要把知行种在环境里，把人生植在环境中，在环境里找得到自己。我在哪里是人生坐标系的**第五个坐标**。

人生完整性思想

```
                    我在哪里

┌──────────┐ ┌──────────┐ ┌──────────┐ ┌──────────┐ ┌──────────┐
│  在系统中  │ │  在过程中  │ │  在秩序中  │ │  在预设中  │ │  在区分中  │
│          │ │          │ │          │ │          │ │          │
│  不忘系统  │ │  跟着过程  │ │  敬畏秩序  │ │  留好空间  │ │  保持独立  │
│          │ │          │ │          │ │          │ │          │
│  适应系统  │ │  做着过程  │ │  不越边界  │ │  选好立场  │ │  警觉背后  │
│          │ │          │ │          │ │          │ │          │
│  当好角色  │ │  做好过程  │ │  不破底线  │ │  用好预设  │ │  发挥益用  │
└──────────┘ └──────────┘ └──────────┘ └──────────┘ └──────────┘
```

图4-5 我在哪里

一是我在系统中。人是系统的集合，系统是存在的价值。知无系统从头乱，行无系统满盘输。我在哪里都有系统，都有我的系统，我一直都在系统中。

要不忘系统。人在社会不能忘了国家，人在家里不要忘了家庭。从某种意义上讲，自己的一切都是系统给的，是系统的受惠者。人在系统里，要少发牢骚、多作贡献。

要适应系统。人在组织就要适应组织，人在单位就要适应单位。不仅要适应它，还要利用它，更要为它服务，这样才能融入环境，否则就混不下去。人在系统里，忠者出众、叛者出局。

要当好角色。系统是严肃的，必须认真起来。每个人都

5. 我在哪里

会在系统里扮演某个角色，那是自己在这里的本位，一定要有位当为。人在系统里，要在其位、谋其政。

二是我在过程中。人是过程的总和，过程是人的脚印。知无过程时时空，行无过程处处白。我在哪里都有过程，都有我的过程，我一直都在过程中。

要跟着过程。过程到了哪一步，事情就到了哪一步，人也必须跟到哪一步，否则，火车都开走了自己还没赶到，岂不误人误事。过程到了哪里，自己就要在哪里。

要做着过程。过程到了哪一步，事情就到了哪一步，人也必须做到哪一步。否则，该种麦时你插秧，岂不乱了套。过程到了哪里，自己就要做到哪里。

要做好过程。无论过程到了哪一步，都不要忘了自己的方位，都不要忘了自己的本位，不能只顾低头插秧、不看前后左右。过程到了哪里，自己就要做好哪里。

三是我在秩序中。人是秩序的行者，秩序是人的护院。知无秩序千般困，行无秩序万种难。我在哪里都有秩序，都有我的秩序，我一直都在秩序中。

要敬畏秩序。秩序好比长江之堤，堤在则造福万民，堤毁则家破人亡。秩序无大小，敬者为尊。不要小看一言一

人生完整性思想

行，不要轻视一点一滴，无论在哪里都要遵守秩序，做一名坚定的护堤者。

要不越边界。无知是因为不知天高地厚，愚蠢是因为不知道自己究竟是谁。世界上哪里都有秩序，哪里都要遵守秩序，越过了这条边界，死亡是迟早的事情。在秩序面前，千万不要越雷池一步。

要不破底线。没心一定没肺，胆大一定妄为。如果突破了秩序的底线，前面就是万丈深渊，后面还会一片火海，进退都有可能无门。在秩序面前，千万不要吃了熊心豹子胆。

四是我在预设中。人是预设的推手，预设是人的抓手。知无预设无从知，行无预设何处行。我在哪里都有预设，都有我的预设，我一直都在预设中。

要留好空间。想象怎么都可以，知行却要留有空间。预设毕竟是知行的预设，是事先的心里打算，与实际难免会有偏差，如果太过了就会没有后手，我在哪里都不要满打满算。

要选好立场。预设是人为的，人为的就有立场。预设是知行的前提，往往代表着一个人的观念、态度和倾向。如果前提都错了，知行就难免一错百错，我在哪里都不要举错了旗帜。

5. 我在哪里

要用好预设。凡事预则立，不预则废。究竟是立还是废，其实并不在预的本身，而在预的效用。要以预为抓手，用预做推手，按预去知行，才能立而不废。我在哪里都要用好预设这只看不见的手。

五是我在区分中。人是区分的结果，区分是人的需要。知无区分无法知，行无区分怎能行。我在哪里都会区分，都会被区分，我一直都在区分中。

要保持独立。区分是把"双刃剑"，在我才是关键。只要知道自己是谁，怎么区分都没关系，一定可以找到正确的角度去面对它。区分不过是一个人的代名词而已，我还是我，在哪里还是在哪里。

要警觉背后。区分总会有说道，背后才是关键。区分的背后，可能就意味着一个人的组织、圈子或者界限，往往能左右一个人的知行，影响一个人的人生。我在哪里都要知道自己背后的那些标签。

要发挥益用。区分自有道理，益用才是关键。俗话说，人无外号不富。一个人的区分越多，说明他的角色就越多，关注他的人也越多，"外号"也是自己的资源。我在哪里都要善于利用自己的标签。

人生完整性思想

　　环境总会环环相扣，知行自当步步为营。环境往往由不得自己做主，但自己必须不断地去平衡那些环境要素，让它们和谐稳定，让自己幸福安定。环境是人生坐标系的基础面，知行画卷中的底图。

　　关注形式是天性，探求本质是进化。环境不过是我在哪里的形式，而我是谁才是环境里的本质。只有揭开环境这层神秘的面纱，真实的我才会完整地展现出来。

　　世界是无边、无尽、无限的，千万不要戴着面具去看世界。

　　人生是有始、有终、有限的，千万不要戴着有色眼镜去看人生。

　　正所谓，人生路上十八弯，常在山里在河边。

　　你在哪里？

五、人之境

1. 知行最高形式

人人生而有境。

境是人们对知行的状态、体验、感觉以及现象的**感性升级**,是现实在自己内心的**另类映衬**,是对知行的**高级感受和觉悟升华**,是我的**另一种展现**。境是一个人最宝贵的东西。

每个人都有自己的境。无论做什么事情,人们都有自己的语境、心境、眼境、意境、境界……都会被自己的境左右,只是程度不同而已,而程度不同往往决定了一个人的最终差别。

每个人都在境中知行。境是自己心里的藏品、心念的表达和心往的追求,无论自己能否意识得到,它都深刻在自己的心里,随时冒出来影响自己的一言一行,并对知行的所有要素产生决定性作用。

人生完整性思想

境是一个人的内心写照。从本质上看,术是技术性的,道是规律性的,而境是心路性的。一个人的心有多正、多高、多宽,境也就多正、多高、多宽。境是一个人最真实的内心表达。

真正的人生在于境。人生总在境上分高下,知行终在境里论成败。境是一个人内心深处有别于他人的最根本东西,体现着一个人的人生高度和人生宽度,有了它才有真正的人生。

境决定一个人的成就高低。人与人的境不同,格局、眼界就不一样。人生最大的失败莫过于境上的失误。卓越的人都有一个共同的特征,就是他们的境也都卓越不凡。

境决定知行的最高水平。与木桶原理相反,知行的最高水平不是由其短板所决定,而是由境所决定。一个人再怎么努力,境有多高,知行的水平最高也就那么高。**境是一个人知行的最大变量。**

境是一个人最高深的知行力量。一个人无论做什么事情,都是术在施为、道在左右、境在统领,都是术、道、境三者综合运用的结果。**境是一个人知行力量体系中最重要的因素。**

1. 知行最高形式

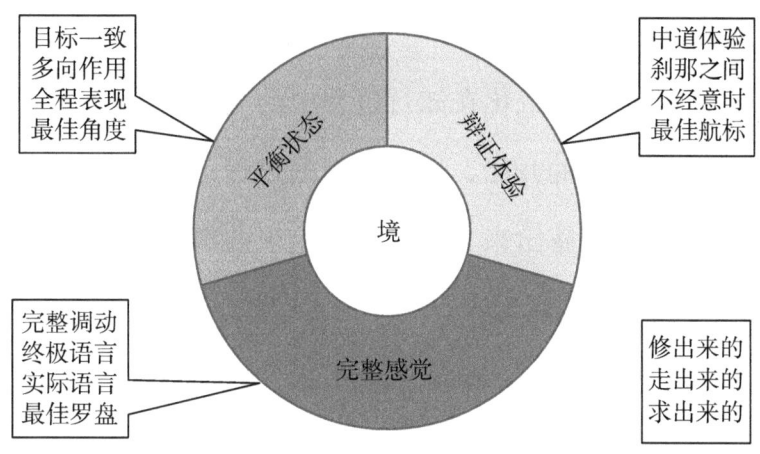

图5-1　知行最高形式

境是知行的最高形式。它蕴含在知行的所有要素之中，体现在知行的所有过程之中，居于知行的顶层，伴随知行潜行，把自己一步一步推向更高的境地。这种形式集中体现在三个方面。

一是境的平衡状态。知行的状态在于平衡，平衡的状态在于境。没有平衡的知行是最不稳定的知行，没有境的平衡是最不稳定的平衡，境与平衡是目标一致的知行状态。

这种状态是境对知行过程的多向作用。一首好诗不能只停留在意境之中，还要有文境、词境、心境……不同形态的境共同作用，才能有诗境，才能进入创作状态。**知行的境是不同形**

人生完整性思想

态的境之集合。

这种状态是境融化在知行过程中的全程表现。一个人的知行不仅要有好的开始,还要有好的过程、好的结局,它们都会在言行中表露出来,都是境所追求的那种高级表达。**知行的境是自己的幕后老板**。

把境置于知行的顶端。从境里出发,知行的起点才高。以境为准绳,知行的过程才优。以境为目标,知行的结果才佳。知行的每一步,境都是不可或缺的。**境是知行的最佳角度**。

二是境的辩证体验。没有对立面不成知行,但知行多在两端之间。境在两端,向的是中间。境在顶端,为的是中间。叩两端而知乾坤,立中间而行天下,境是**辩证于中道的知行体验**。

这种体验在于知行的刹那间。那是一个人平时所思所想的迸发,是行在中道的突然灌顶,有时是最终的却来自最初,有时是最新的却有着原始的基因,大有神来之笔的意味。

这种体验在于知行的不经意。那是一个人平时长期修行的偶得,是行在中道的蓦然回首,有时一句话却胜似千言万

1. 知行最高形式

语，有时一幅画却藏有人间万象，实如梦中醒来的感觉。

把境置于知行的里面。与境一起知行，由境护着知行，在境中提升知行，在知行中获得新境，辩证与体验相存相长，境化与化境交相辉映。**境是知行的最佳航标。**

三是境的完整感觉。知行之境在于化，在于虚而思之、实而为之。无论是化境还是境化，都是知行过程的实在行动，都是所有知行要素的完整调动，使知行更加地完整简单。境是完整化的知行感觉。

这种感觉在于简。它不是精确计算，也不是准确定位，而是把境化为知行的终极语言，让知行的眼光聚焦起来，让知行的精力聚集起来，让知行更加坚定有力。它不摇摆、不飘忽，却能清晰地感觉到。

这种感觉在于实。它不是空穴来风，也不是无中生有，而是与知行的过程紧连着，与自己的心灵紧贴着，把境化为知行的实际语言，应用在知行的实际中。它摸不着、拿不到，却能真实地感觉到。

把境置于知行的外面。让境跳到事外，为境留出空间，另眼看知行，别样出心念，更好地审视知行之境的完整状况，保证境在知行过程中的完整转换。**境是知行的最佳罗盘。**

人生完整性思想

境是一个连续的过程。好比一个人登山前的向往、登山过程中的心动、登顶后一览众山小的感觉，以及登了泰山还想登黄山的那份期盼……都在登的过程中一一涌现出来。

境是自己修出来的。境不是无根之木，也不是无源之水。只有在练术、求道的基础上到了一定的高度后继续修炼，坚持术、道、境、心与身同修，不断地去思、去悟、去化，境才能修成正果。

境是自己走出来的。坐井只能观天，行远方能路长。人生之路越长，一路的风景就越多，知行的感受就越丰富，境往往就在知行的路上与你不期而遇。走出去世界就大，行得远才有境中万象。

境是自己求出来的。聪敏的人会找，智慧的人会看，有境的人会求。不给自己的弱点找理由，不为自己的问题去辩护，求境并没有什么灵丹妙药。经常、自觉、刻意地去追求，境才能化凡脱俗。

有境者，知必行。境从行中来，还要回到行中去。境的色彩往往就点缀在行上，行才是硬道理。只有在行的过程中，在行的天地间，境才能真正成为自己的心灵依靠，真正让自己挺起胸膛来。

1. 知行最高形式

　　人生百年，境在其中。做一个有境的人，一个在境中行走的人，一个为境而奔波的人，让自己的未来充满希望、充满阳光。

　　知者常思常悟，行者求境求化。

2. 境之品质追求

品质是境的第一个要素。

品质是一个广义的集合概念。它既有物质的，也有精神的；既有内在的，也有外在的；既有形式的，也有内容的，是知行要素所固有的特征。**品质是存在的基础。**

一切存在都有品质。世界上不存在没有品质的事物，而品质的优劣高低往往是决定性的。人之内外双修在品质，物之神形兼备看品质。品质不同，高下立分。**品质是存在的核心标签。**

品质与境有着不解之缘。知行品质第一，境以品质为纲。品质低劣，知行就会流于泛泛，而境也就空有一副皮囊，境与品质谁也离不开谁。品质优而高，境就有了力量。

境以品质比高低。品质高的人志存高远、心向远方。而品质低劣的人往往心烂于内、气腐于外，与大众离心离德，与时代格格不入，既不入流，也不入群，迟早会被抛弃。**有境之人品质为先。**

2. 境之品质追求

境以品质决胜负。品质低的人往往没有精气神，而境有了品质，一个人就会印堂发亮、中气十足，就有敢于亮剑的决心勇气，潜在的能量也能极大地发挥出来。**有境之人品质为上。**

境以品质论得失。知行的得失莫过于境，而品质最重要。境之品质是一个人最重要的人格魅力，一旦失去了它，就会失去信任的基础，知行的所有环节都会被殃及。**有境之人品质为本。**

知行之境在追求。人的一生都在追求，追求造就人生。追求的形式多彩多样、内容千差万别，但它们都是因境而追、为境而求，都有境的烙印、痕迹和影子。**境是一个人的核心追求。**

境之追求在品质。境分高低，而品质不论大小。蚁穴之患，能酿八荒之祸。品质高的人常找自己的问题，从问题里蒸出甘醇的美酒。品质是境的灵魂，是一个人不朽的东西。

人生完整性思想

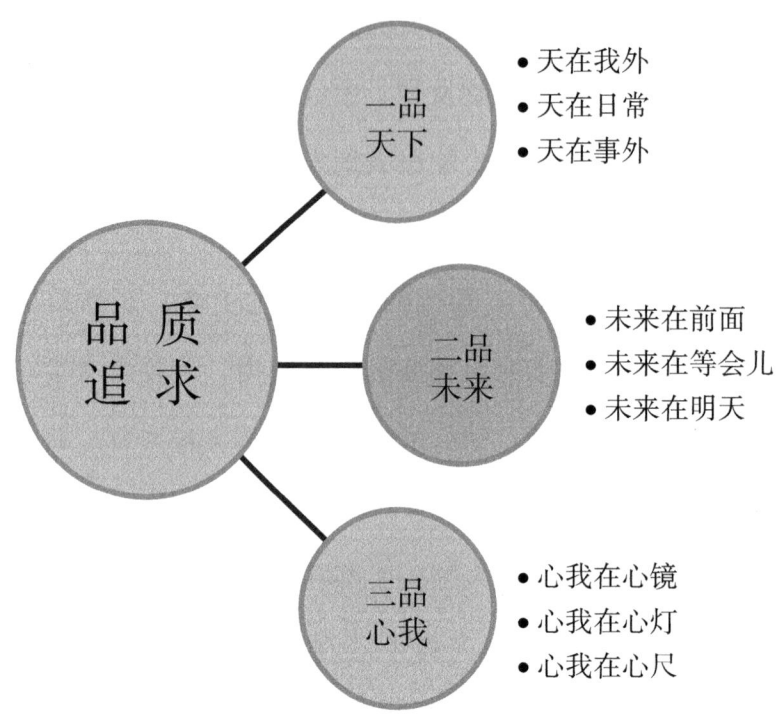

图5-2 境之品质追求

境之品质在于品。品是求境的行为、形式和方法，质是求境的目标、内容和质量。品决定着质，质蕴含在品中，它们在知行的过程中相互作用、合而化境。其重点在于以下方面。

一是品天下。人随境，境随心。如果一个人的身困住了、心锁住了，境也就限住了。知行品天下，境从品中来。自己的身要置高、眼要向远，心自然就有了广阔的天地，境

2. 境之品质追求

就在这天地之间。

时过境迁天犹在。天下之大要从小起、从低起、从近起，品天下就要从我外、从日常、从事外去品，境才有厚实的底蕴，才能积而致大、累而致高、行而致远。

天在我外。人立身只需一尺之地，我外才是天。天好了，我才能知行得好，才能知行天下。一个人应该把我外的装在我内，为了我外，就是为了自己。天在我外，境就在我外。

天在日常。谁也逃脱不了日常的生活，日常才是天。人们总是忘情于日常、寄情于非常，而日常恰恰就是道之本、境之源。于无声处听惊雷，市井未必不丈夫。天在日常，境就在日常。

天在事外。置身事外天地宽，事外才是天。一个人如果深陷于事物之中，满脑子都是事，心里也就没有了境的一席之地。只有把事外的事处理好了，事里的事也许就不是事了。天在事外，境就在事外。

二是品未来。人立足，境立远。一个人如果一味地停留在过去，必定纠结于现在，脚又怎能迈得开，境又从何处而来。行始于足下，境立远而化。心思远、眼向远、人奔远，

人生完整性思想

境就在不远之处。

时过境迁人犹在。未来之远要从脚下起、从当下起、从今天起,品未来就要从前面、从等会儿、从明天去品,境才有坚实的基础,才能积而百里、累而千里、行而万里。

未来在前面。后面已成历史,前面才是未来。前面有阳光风雨,也有桥梁沟壑,它们都是境的基本元素。雨后有彩虹,雾里有景象,知行的道路就在前面。未来在前面,境就在前面。

未来在等会儿。现在即将过去,等会儿才是未来。等会儿是许多人的口头禅,却是自己即将知行的未来。知行就在等会儿见分晓,人生就在等会儿峰回路转。未来在等会儿,境就在等会儿。

未来在明天。明天什么都是新的,明天才是未来。明天又将面临新的问题、新的变化和新的机遇,知行又有了新的开端。把握明天,就有未来。未来在明天,境就在明天。

三是品心我。人如心,境如初。心我是一个人内心所期望的理想之我,是自己的知行母版。一个人的心我怎么样,我心就会怎么样。人由心起始,境在我当初。从心我出发,境就在我心的当初。

2. 境之品质追求

时过境迁心犹在。心我是知行的地图、航行的灯塔和人生的总管，无心难知难行，有心心路两明。品心我就要从我心里的镜、心里的灯和心里的尺去品，境才能由心而造。

心我在心镜。心我不在，我心焉存。以心我为镜，我心才能明亮，知行的主意才有参照、选择才有角度、前进才有方向。心里有镜则明，境就在自己的心镜里。

心我在心灯。心我不灭，我心常亮。以心我为灯，我心才能亮堂，知行的道路就清晰、过程就踏实、目标就明朗。心里有灯则亮，境就在自己的心灯下。

心我在心尺。心我为衡，我心有方。以心我为尺，我心才能豁亮，知行的节奏就有序、脚步就有依、好坏就有据。人人心里都有把尺，境就在自己的心尺上。

境是品出来的。它不会说来就来，也不是千呼万唤就能呼唤出来的。境从品中来，质在品中生。境之品就在品天下、品未来、品心我，在于不断地去品，三品而境来。

境是求出来的。它常常隐藏在某个角落里，与你若隐若现、若即若离。你不主动，它就被动。你不抓它，它就溜掉，往往过了这个村就没了那个店。境既要品之，也要求之。

境是心的读物。境在心中，心中才有境。心中有境，境

人生完整性思想

才能为心所有。品要用心品，求当用心求，心在哪里境就在哪里，心为何物境就为何物。**境是用心凝练出来的结晶。**

境是生命力。它是一个人知行的核心追求、统领准则、心灵归宿和梦想乐园，是最具威力的潜在力量。魅力因境而生辉，能力有境而倍增。**境是人的第一位追求。**

生命在于追求。人人都有追求，人人都在追求。顺境时要追求，逆境时更要追求，没有追求，生命的意义就将不复存在。生命不息，追求不止。

境无止境，追求品质也无止境。

3. 境之价值追求

价值是境的第二个要素。

价值是一个全方位的概念。它既是心理信念，也是实践行动；既有个人特色，也有群体特点；既有物质的，也有精神的，是知行要素的意义所在。**价值是存在的依靠**。

一切存在都有价值。万物皆有价值，事事皆有价值，人人皆有价值，知行的所有要素都有价值。只是它们的价值取向、高低大小不同，从而奠定了它们在身份地位上的差异。**价值是存在的理由**。

价值与境连生而存。知行总是与价值相连，知行之境就是价值之境。没有价值的知行如同行尸走肉，境也将是旷野中的孤魂野鬼。有了价值，境就有了生命。

境以价值为定身。人有价值而立足，也因价值而立行。一个人追求什么样的价值，具有什么样的价值，就注定了他将成为一个什么样的人。人无贵贱之分，价值却有高低之别。**有境之人必重价值**。

人生完整性思想

境以价值为定位。知行由价值所链接，人生由价值所支撑。一个人的定位、站位和地位固然与职位密切相关，但最终还是由价值所决定。价值是一个人的优势和魅力所在。**有境之人必求价值**。

境以价值为定向。价值驱动知行，知行趋向价值。一个人所有的知行都是价值在作用，都是沿着价值的方向在行进，失去了价值就失去了方向，偏离了价值就偏离了轨道。**有境之人必在价值**。

境之追求在于价值。境必须建立在价值之上，价值越高、境就越高，知行的意义就越大。价值牵动着知行的每一根神经，影响着知行的每一个细胞，遍布于知行的全部过程，价值是境的生命。

3. 境之价值追求

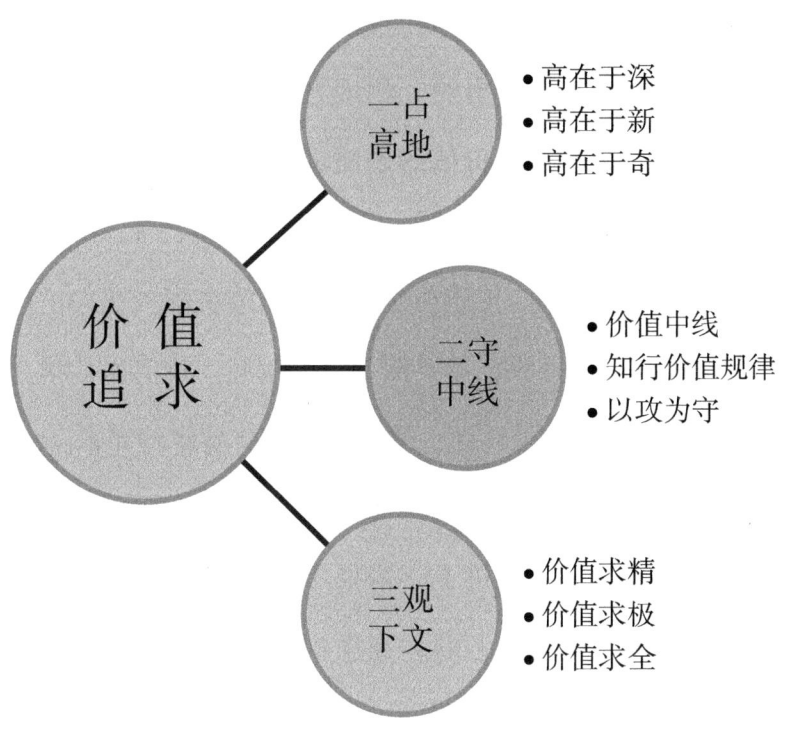

图5-3 境之价值追求

境之价值在于角度。不同的事物有不同的价值,价值不同、境就不同。即便是同一事物,如果角度不同,价值也会不同,境总能找到一个最有价值的角度。其重点在于以下方面。

一是占高地。价值如水境之船,水涨自然船就高。知行的那些重地、要地以及关键环节,都是价值的必争之地,抓住它

人生完整性思想

们就占据了高地,境就有了高的起点。境就在价值的高地。

价值高地之高是引申的。物理之高不一定价值高,站在高处价值也未必就高。价值的本质就在于一个效字,它是体系化的知行范畴,其背后的深意却在于深、新、奇。

价值之高在于深。价值总是深邃的,需要深入地去挖掘。价值有时还隐藏得很深,需要深刻地去探究。价值深必厚、深必重、深必远,在深处转化,境才能闪耀着智慧的光芒。

价值之高在于新。价值与知行同命运,需要不断地适应新变化。价值与知行共进退,需要不断地解决新问题。价值必须坚持创新、出新、迎新,在新中转向,境才能散发出诱人的魅力。

价值之高在于奇。价值与平衡交集,有时别出心裁反而能出其不意。价值与辨证相对,有时独树一帜反而能出奇制胜。价值也需要思奇、出奇、用奇,在奇中转换,境才能绽放出美丽的新枝。

二是守中线。知行是一种价值运动,其价值由知行要素的价值诉求所决定。知行以追求价值平衡为准则,在知行价值所得与所付相等时达到临界状态。这个临界状态就是知行的价值中线。

3. 境之价值追求

在知行关系和知行活动中,知行要素相互作用、彼此竞争、融合促进,沿着价值中线运动,围着价值中线波动,在不断平衡中求得最佳的知行效应。这一**知行价值规律**是知行的基本规律。

境与价值结伴而行。知行在价值规律的作用下行进,境也沿着价值中线、围着价值中线而动,守住价值中线就守住了境的底线。知行的价值中线也是境的价值中线,境就在价值中线的附近。

价值活动以攻为守。价值中线以过程为轴,是知行过程的动态线。沿着价值中线求变求新,围着价值中线上攻下探,促使知行价值始终处于上升的通道。这是知行的最佳行动,境在上升中斩获新意。

三是观下文。知行不止,价值链就在。价值追求不能止步于愿望或已经实现的,而价值背后的价值有时更有价值,这才是价值所在。不满足已有的,不断翻到下一页,境往往就在下文。

价值离不开追求。追求总是从现在奔向未来,这是一条由信念理念支撑着的价值之路,不仅要合时、合事、合势,更要求精、求极、求全,境之下文才能呼之欲出。

人生完整性思想

价值求精。人生不过百年，而一个人自主自由地追求价值的累计有效时间只不过七年。人生如此短暂，自当咬定价值不放松，始终围绕价值求精而不凑合，境就在求精的过程中。

价值求极。境无穷尽，价值无止境。价值追求是一个不断追本穷源、力求内外无双的过程，往往山重水复疑无路、柳暗花明又一村，千万不能半途而废、无功折返，境就在求极的过程中。

价值求全。价值心之策，中道境之全。一个人行在中道，与价值中线并行不悖，方能上可触及、下可探及，在知行中百举百全。要上不媚人、下不蔑人，不求全责备，境就在求全的过程中。

价值自应高处有。高处并不虚无，而境也不是海市蜃楼，它是知行顶端的皇冠。价值作为知行的核心，是实实在在的东西，占高地、守中线、观下文也都是实实在在的行动，**境是实之境**。

价值隐于过程中。过程并不孤独，而境也不是一叶孤舟，它是知行大戏的主角。价值作为知行的脚本，必须与情合、与景合、与戏面合，知行的大戏才精彩纷呈，**境是合之境**。

价值蕴于转换中。转换并不复杂，而境也不是深山云

3. 境之价值追求

雾，它是知行的春风。价值作为知行的春天使者，在化为雨、化作泥、化成万物时，价值才能完全地体现出来，**境是化之境**。

牡丹虽好，全凭绿叶扶持。价值在知行的过程中，自然要与细节为伍、和琐碎相伴，才能共生出别样的境来。知行在境与价值的共同簇拥下，春色满园关不住，姹紫嫣红一一春。

境无止境，追求价值也无止境。

4. 境之心灵追求

心灵是境的第三个要素。

心灵是自己的另一个我。人有两个我，一个是自己的肉身，一个是自己的心身。肉身是自己的身我，心身是自己的心我。它们一个管知、一个管行，两个我合一，才能成为一个完整的人。

心灵是我的另一种形态。它是一个人知行的所有要素、现象、状态以及情感在心里的反应，身我有的、心我都有，心我怎么样、身我也会怎么样，两个我以不同的方式同步知行。

心灵是我中之我。心灵不会独立存在，它融化在身体的每一个细胞中，与脑子并列、与思维相联、与思想同宗、与精神同类，是生命的动力总成、知行的最高指挥官。**心即是我，我即是心。**

心灵是自己的主宰。一个人的心指向哪里，我就会奔向哪里。知行之路是一个人的心路，知行的所有活动都是心灵的产物，都在心灵的指引下由我去实施。**心之所往，人之所向。**

4. 境之心灵追求

境是心灵的原本。人之境由心所造，也为心所有。心灵是境的载体，境是心灵的杰作，它们都从知行中来，再到知行中去，彼此相互依存、同根同源。**境乃心之物，境本心之求。**

境之追求在心灵。一个人心灵追求什么，境就会追求什么，自己就会为此而不遗余力，哪怕是付出生命的代价。心灵追求是一个人的天性，是一个人最原始的动力。

境之归宿在心灵。人生的追求在于心，心灵的追求在于境。境对知行的作用是全面的，无论知行要素怎么判断选择，最终还是取决于自己的心境。心灵是境的依托。

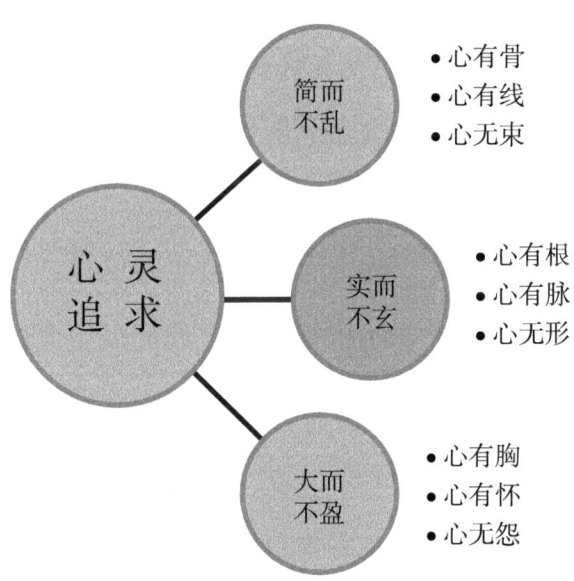

图5-4 境之心灵追求

人生完整性思想

心是自己的,境也是自己的,它们只有一个主人就是自己,只有一尊金身就是在我。我知我行全在我,全在我的心。要以我心为模、以我境为范,去造就一个一个不凡的我。

一是简而不乱。心本从简,境本不乱,只是人们自己过于复杂罢了。心是用来管理知行的,如果心都成了乱麻,知行又怎么能理得清、管得住。心简而不乱,境由简而生。

心简则境简。心之简绝非字面意义上的简,而是要把心里的琐碎沉下去、紧要的浮上来,让心有骨、心有线、心无束,心就不会混浊,知行之境就在这一沉一浮之间。

心有骨。人无骨不立,心无骨则乱。一个人如果讲原则、明事理、知轻重,为人就有骨气节操,做事就有主心骨。心有了骨,就不会为名利所困、为世俗所扰,境也会因骨而长。

心有线。心是会飞的,总要飞得更高更远,好为自己的知行去打前站,但它有时也会像断了线的风筝而失去控制。心里要装着初心、追求和梦想,线就不会断,就会紧紧地拽在手里,境也会沿线而行。

心无束。放飞的风筝需要自由,翱翔的心灵不必束缚。一切从心出发,把心骨坐硬了、心线扎牢了,其他的任凭我

4. 境之心灵追求

意、全由我志、尽在我情,境就会随风飘来。

二是实而不玄。知行是心的艺术之雕,境是这件雕塑品的灵魂。心必须务实,境必须化实,知行才能成为一件神形兼备的艺术精品。心如雕塑,境在雕心。心实而不玄,境在实中央。

心实则境实。心之实不在形而在神,境之实不在眼见而在心见。把心里玄虚的隐藏起来、实在的显现出来,让心有根、心有脉、心无形,心就不会飘浮,知行之境就在这一隐一现之中。

心有根。人无根轻飘,心无根虚浮。一个人如果不真实、不现实、不切实,为人就会轻狂不羁,做事就会轻薄无知。心实了才有根,知行时就会脚踏实地、处实效功,境也会在实处着落。

心有脉。心也是有脉络的,总能找得到它的踪迹,那是自己心雕的纹饰。纹饰之美一脉同气,心灵之善虽小亦大。心要始终存善、向善、为善,知行之路就是实善之路,境就在实善之路上。

心无形。精美的艺术形而上,不群的心灵神居中。一切从心出发,把心之根扎厚实了、心之脉雕琢细了,其他的任

人生完整性思想

凭自然、全由自然、尽在自然,境就会自然而来。

三是大而不盈。知行是心的天地,境是天地的画卷。心大容得下天地万物,不盈绘得了人间万象,知行才能成为一幅美丽的画卷。心如诗,境如画。心大而不盈,境不盈而大。

心大则境大。心之大不在体量而在气量,境之大不在意气而在心气。把心中的浊气吐出去、外面的新气纳进来,让心有胸、心有怀、心无怨,心就不会自满溢出,知行之境就在这一吐一纳之间。

心有胸。人无胸则佝偻,心无胸则狭隘。一个人如果信念缺血、思想缺钙、精神缺氧,为人就会小肚鸡肠,做事就会瞻前顾后。心大了才有胸,知行就会心胸开阔、胸有成竹,境也会万卷于胸。

心有怀。心是有空间的,总能装得下不少东西,那是自己知行的诗集画册。诗以言志而气量大,画当抒情而抱负远。心要敞开、展开、常开,知行的胸怀就会远大豁达,境也会随之而大。

心无怨。一切丑恶皆因怨而生,怨是心的天敌。一切从心出发,让心之胸张起来、心之怀开起来,把一切看作正

4. 境之心灵追求

常，选择一个无怨的角度，才能书写出人生的最美篇章，境就会随心而来。

心灵无界境无边。心是最活跃的，它可以任意地驰骋而毫无束缚。千种玛瑙万种玉，知行百样心万千。知行之心终归是要"拿出来"的，它来自知行，必当用于知行。**心为我用，境在心用**。

心需要经常地呵护。心是最珍贵的，千万不要慢待忽视自己的心。水流千里归大海，心是自己最可靠的家。要给心一片空间、一方净土、一个安宁的环境。**心有舞台，境在戏台**。

心需要不断的养护。心也是最脆弱的，千万不要摧残虐待自己的心。楼高万丈从地起，心是自己最托底的根。要经常给心做体检，带心去锻炼，让心越来越健壮。**心强大了，境才高远**。

境无止境，心灵追求也无止境。

5. 人生完整修炼

人生本来就是一场修炼。

一个人做什么都是修炼，在哪里都是修炼。

修炼没有定式，也没有那么深奥。学习、思考、生活、工作、交往、旅行……都是修炼的方式，只不过有的人把它们看成了知行，有的人把它们看成了修炼。**修炼是人生的正常行为。**

修炼没有定规，也没有那么复杂。不一定非要深山才能修炼，也不一定非要闭关才可修炼，坐着、看着、走着、想着……随时随地都可以修炼。**修炼是人生的一种普遍状态。**

修炼没有定律，也没有那么教条。它与知行同步，是自己针对自己的一种行动。人生不能脱离知行而修炼，在知行中修炼，在修炼中知行，修炼的程度决定着知行的程度。**修炼是人生的一种基本态度。**

修炼没有止境，它是一个人专注于自身能量提升的在我运动，是所有知行要素的再造过程，而境就是其中的高级修炼。而修炼本身就是一种境，有境的修炼才能造就强大的人生。

5. 人生完整修炼

人生不是昨日的翻版，知行不是过去的重复，修炼也不仅仅局限在术道境上。任何知行都是体系化的知行，一个人的能力也是体系化的能力，修炼同样也必须是体系化的修炼。

从体系化能力出发，以思维、学习、角度、沟通和应变能力为纬线，以思悟化、术道境、要素把控、全局统筹和高级感觉能力为经线，织就的**人生完整性能力关系网**，是一个人全部力量的源泉。

从体系化修炼出发，一个人的思悟化、术道境、要素把控、全局统筹和高级感觉五个方面的能力相互作用、综合发力，是一切知行能力的生成基础。

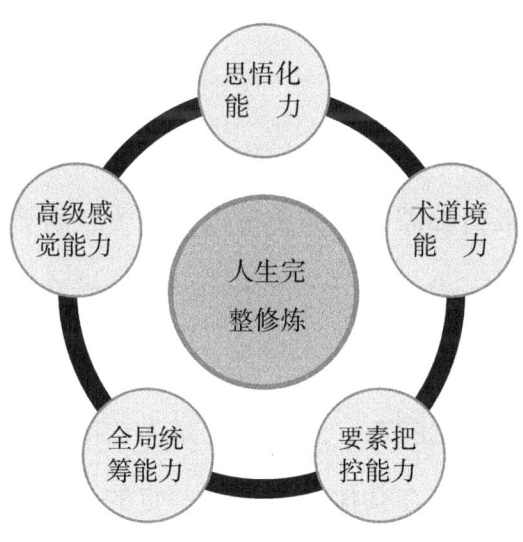

图5-5　人生完整修炼

人生完整性思想

一是思悟化能力。 思悟化是人的能本，人生的基本功修炼。任何事情都需要思悟化，都在思悟化中精进。思则明而心达，悟则通而理透，化则恬而意畅，它们是一个人所有能力的基底。

二是术道境能力。 术道境是人的能质，人生的核心修炼。任何事情都需要术道境，都在术道境的共同作用下实现。人在术道境上论英雄，事在术道境上比高下，它们是一个人所有能力的核心。

三是要素把控能力。 要素把控是人的能性，人生的专项修炼。任何事情的成效都取决于要素的选择和运用，选择不同、立场就变，运用不同、高低立现。要素把控是一个人的专属能力。

四是全局统筹能力。 全局统筹是人的能强，人生的综合修炼。任何事情都需要全局统筹以帅四方，否则，即便手握百万雄兵，帐下战将如云，也不一定能胜券在握。全局统筹是一个人的超级能力。

五是高级感觉能力。 高级感觉是人的能势，人生的顶级修炼。一个人只有在其他修炼达到一定的高度后，才具有那种正确的、本能的并且高超的下意识反应。高级感觉是一个

5. 人生完整修炼

人的顶级能力。

修炼当五指握拳。修炼是五指并连的，五项修炼一修同修、一炼全炼。修炼是五指连心的，自当心身双修、知行并用。在修中炼、炼中修，边修边炼、边炼边修，修炼才能达到一种新境界。

修炼当日积月累。修炼不会一日天成，能力一日不修却要衰退。人生修炼是漫长的，每天都在知行，每天都是修炼。人生修炼是连续的，要当好修炼的蓄水池，千万不能把自己当作沙地。

修炼当细水长流。修炼是一种蒸功夫，能力在蒸中馏出来，而蒸馏出来的都是精华，是自己修炼的得意之作。这绝非一件易事，但也并非那么难求。细水长流，长流的精华里一定会有修炼的极品。

修炼当持之以恒。修炼最忌讳的是三天打鱼两天晒网，而借口是人类的惯用伎俩。如果把借口养成习惯，修炼就会丢到脑后。要把修炼养成习惯，让修炼成为自然。

修炼没有捷径可走，也没有什么秘密诀窍。虽然每个人的路不一样，每个人的修炼也不相同，但归根结底人生是自己的，而路却是大家的。走在大家的路上，就必须遵从大众

人生完整性思想

大道。

一是修炼从正。人正而行远无畏,事正而走实有致。正者,不好也是暂时的,终究会好起来。歪者,好了也是偶然的,终究会付出代价。修炼要始终思正、向正、立正,以正为名。

正者行中道。无欲无己,非正所为。求和求公,正者所依。正少一而止,修炼要一心一意,从正要始终如一。以正影响别人,正气就会越来越多,歪风就会越来越少。

二是修炼从常。人无常则行无果,事无常则路无从。一个人如果没有常心常性,就会犹犹豫豫、思前想后,缺少主见、缺乏决断,平时不努力、临时抱佛脚。修炼重在平常、日常、寻常,以常为要。

常者行大道。叶公好龙绝非长久之计,谨小慎微才是修炼之道。滴水可以穿石,闪电不能常明,常与无常有着天壤之别。常怀平常的心,清风就会徐徐而来,戾气就会渐渐退去。

修炼必须正和常并举。正而不常欠正常,不正而常非正常,正常并举才正常。只有修炼得正常,知行才能正常,人生才能向着好的方向发展。正和常两者缺一不可,它们是人生修炼的进阶石。

5. 人生完整修炼

修炼必须把自己当对手。人生最大的对手是自己，最难战胜的对手也是自己。要看外面的世界、找自己的问题，看别人的长处、和自己较劲，把自己修炼好了，一切总会有办法的。

修炼必须以生命为界。人生没有贵贱，修炼不论长幼。修炼者快乐，修炼者长寿，修炼者度年如日。不修炼者浑浑噩噩、度日如年，修炼不修炼大不一样。修炼没有止境，活着一天就修炼一天。

人人都须重修炼。不修炼就会止步不前，一切都会衰退下行。**生而知行，活即修炼**。

在知行中修炼，在修炼中知行。

人生在完整修炼中蜕变。

启思录

世上的事都从思开始，而思可以没有终点。

世上的事都从已知出发，而终点仍然还有未知。

世界无限，未来无限，现实无限，而人生却非常有限。

人总是无法彻底完整起来，故而思无止境，探求未知也无止境。

人要完整起来，就必须克服有限和无限、已知和未知的矛盾所带来的种种问题，还要克服人性弱点所带来的种种障碍，这恰恰是**人生最为本质的命题**。

这个命题是永恒的，有无限的发挥空间，但完全可以诠释为——人什么最为重要？

这个命题是多解的，有无数个不同的答案，因人而异、因事而异、因时而异。这正是人生完整性体系最为关注的，并努力阐述以引发人们深思的地方。

人生完整性思想

人什么最为重要？**知我、有脑和化境最为重要。**

知我，知的是完整意义上的我，是环境中的我，是事件里的我，是集心我、身我和在我于一身的我。这是一个人最重要的事情，**一切都从这里派生而来。**

有脑，有的是完整的意识、思维和思想，脑子要动起来，情绪要压下去，站得高一点、想得远一点、看得开一点。这是一个人最核心的东西，**一切都从这里启动推进。**

化境，化的是自己对品质、价值和心灵的完整追求，用高尚改造低俗，把正常注入异常，做一个为境而奔波的人。这是一个人最高明的地方，**一切都从这里晋级升华。**

然而，路总有不平，人难免犯错，问题还没完没了，变化也接二连三，人生的路上有很多的荆棘沟坎，人生完整似乎很难真正地闭环起来，**追求完整永远在路上。**

完整不是完美，人生需要不断地追求完整，才能越来越逼近完美。完整也并非完结，人生需要不断地追求完整，才能保持一种螺旋上升的状态。

常言道，世事难料，什么皆有可能。其实，世事也并非那么难料，只要完整起来。而完整起来，才有更多的可能。善谋、善断还得善做，人生才能完整起来。

启思录

任何事物除去表面都是相通的,同在地球上的人一定有着某种相关性。世界总在动荡中趋同,人生总在波折中向前。在未来的人生道路上,**我该怎么走?**

人生并非数学命题,知行不是精确计算。物质总有定数,精神无法丈量。心胸要放开一点,免得沦为算法生成器。

人生无骨矮三分,知行有境高一等。名利虽好深如海,行善驶得万年船。心思要放远一点,免得沦为名利驱动器。

人之差别终究在能量,事之成败关键在运筹,但归根结底在于自己对术、道、境的综合运用。

有道是,形而上者谓之道,形而中者谓之境,形而下者谓之器。

一切从心我开始,一切从思悟开始,一切从化境开始。

一化二三,合而求良。

参考文献

[1] 陈文斌. 品读世界思想史 [M]. 北京：北京工业大学出版社，2007.

[2] 张岱年. 中国哲学大辞典 [M]. 上海：上海辞书出版社，2014.

[3][苏] 罗森塔尔·尤金. 简明哲学辞典 [M]. 中共中央马克思、恩格斯、列宁、斯大林著作编译局，译. 北京：三联书店出版社，1973.

[4][英] 阿尔弗雷德·诺思·怀特海. 思维方式 [M]. 赵红，译. 北京：新华出版社，2018。

[5][美] 德姆·巴雷特. 逆向思维：释放你潜在的创造力 [M]. 刘永涛，译. 上海：上海人民出版社，1998.

[6][英]W.L.B. 贝弗里奇. 科学研究的艺术 [M]. 陈捷，译. 北京：科学出版社，1984.

[7] 朱光潜. 悲剧心理学 [M]. 张隆溪，译. 北京：人民出版社，1985.

[8] 李远山. 诗道无界 [M]. 北京：作家出版社，2010.

[9] 林语堂. 品味人生 [M]. 西安：陕西师范大学出版社，2005.

[10] 朱跃生. 变论 [M]. 北京：中国商业出版社，2019.

[11] 朱跃生. 读书载道 [M]. 北京：中国商业出版社，2020.

[12] 顾培亮. 系统分析与协调 [M]. 天津：天津大学出版社，1998.